Quantenphysik für Anfänger

Tobias Eisenhauer

QUANTEN PHYSIK

FÜR ANFÄNGER

Tobias Eisenhauer

Über den Autor

Tobias Eisenhauer (* 1981) ist es gelungen, mit dem Dschungel der Quantenphysik aufzuräumen und die Welt der Atome verständlich zu erklären. Er begeistert durch seinen unterhaltsamen und verständlichen Stil und die vielen Aha-Erlebnisse, die beim Lesen seiner Fachbeiträge offenbart werden.

Mehr Informationen finden Sie unter *www.kleinstadt-verlag.de*

Quantenphysik für Anfänger

Entdeckungen und Grundlagen der
Quantenphysik verständlich erklärt

Tobias Eisenhauer

Bibliografische Information der Deutschen Bibliothek
Die Deutsche Bibliothek verzeichnet diese Publikation in der Deutschen Nationalbibliografie; detaillierte bibliografische Daten sind im Internet über http://dnb.ddb.de abrufbar.

Verlag: kleinstadt-verlag.de
ISBN: 978-3-949926-28-0 (Taschenbuch)
Text: Tobias Eisenhauer
Titelbild: Markus Winter
Layout: Johann-Christian Hanke

INHALT

1 Vorwort

Durch Experimente in der Quantenphysik sind wir zu der scheinbar endgültigen Ansicht gekommen, dass der Akt der Beobachtung ein kreativer Akt ist. Mit anderen Worten: Durch Beobachtung tragen wir dazu bei, das, was wir wahrnehmen und beobachten, zu erschaffen, aufrechtzuerhalten, zu vergrößern, zu verringern und zu beenden. Beobachtung ist gleich Einfluss. Beobachtung ist gleich Schöpfung. Das bedeutet, dass wir nicht nur entdecken, was so ist, indem wir es kommentieren. Wir haben durch unsere Worte dazu beigetragen, dass es so ist, wie es ist. Lass dieses Konzept sacken und verinnerlichen. Fange an, deine Macht zu spüren.

Auf welche Weise beeinflussen wir die Dinge und Umstände, die wir beobachten? Wir beeinflussen sie auf unendlich viele Arten. Und mit welchen Mitteln beeinflussen wir die Dinge und Ereignisse, die wir festhalten? Unsere Macht liegt in unseren Gedanken, Gefühlen, Überzeugungen, Erwartungen, Meinungen, Einstellungen und Annahmen. Unsere Vorurteile, Wünsche, Ängste, Absichten, unser Verständnis und unsere Verwirrung liegen in unserem Wissen.

Wir beeinflussen alles, was wir wahrnehmen, auf unzählige Arten. Indem wir beobachten, beeinflussen wir Menschen, Objekte, Ereignisse und Umstände. Wir machen Dinge wünschenswerter oder weniger wünschenswert, größer oder kleiner, stärker oder schwächer, besser oder schlechter. Wir sorgen dafür, dass Dinge aufhören oder weitergehen. Den meisten ist dieser ständige Prozess der Veränderung von allem, was sie beobachten, natürlich nicht bewusst. Die Menschen wissen zwar, was vor sich geht, aber sie haben keine Vorstellung davon, auf welche Weise sich ihre Beobachtung auf das auswirkt, was sie beobachten, und sie haben keine bewusste Kontrolle über diesen Prozess. Wir alle können hoffen, dass unsere Worte eine konstruktive oder destruktive Wirkung auf das haben, was wir beobachten. Aber Hoffnung ist nicht Wissen, Hoffnung ist nicht Handeln. Wir könnten dies fragen: »Wie wirkt sich meine Beobachtung auf das aus, was da draußen vor sich geht?« Eine ebenso wichtige Frage ist die folgende: »Wie beeinflusse ich das, was da draußen vor sich geht und mich beeinflusst?«

Wenn du lernst, wie du dich auf fortgeschrittene und einfache Weise manifestieren kannst, hilfst du nicht nur dir selbst auf zahllose, sinnvolle Weise, sondern du unterstützt auch alle Menschen auf dem Planeten auf zahlreiche, sinnvolle Weise. Angesichts dieser ermutigenden Tatsache könnte man das bewusste und intelligente Manifestieren auf die fortgeschrittene und einfache Art und Weise als eine humanitäre Anstrengung betrachten.

Verbessere dein Leben bis zu einem gewissen Grad und in diesem Grad verbesserst du die ganze Welt. Steigere dein Glück, egal in welchem Ausmaß und in diesem Ausmaß steigerst du die Zufriedenheit der Welt als Ganzes. Was die Menschen angeht, die dies verstehen, können wir sagen, dass es ihr großer Segen ist, ihr Leben und sich selbst zu verbessern, indem sie sich auf fortschrittliche und einfache Weise manifestieren und sich große Verantwortung auflasten. Ein einzelner Mensch hat das Potenzial, die Welt zu retten, aber ein einzelner Mensch hat auch das Potenzial, die Welt zu zerstören. Wir können der Welt helfen, glücklich zu sein, nicht so sehr, indem wir Dinge bekämpfen, die Menschen unglücklich machen, sondern indem wir selbst glücklich werden. Wir können der Welt helfen, in Fülle zu leben, nicht so sehr, indem wir Dinge bekämpfen, die Mangel erzeugen, sondern indem wir selbst in Fülle leben. Und natürlich, indem wir unseren Reichtum teilen, in welcher Form auch immer. Wisse, dass das, was wir bekämpfen, bestehen bleibt und dass wir dem, was wir bekämpfen, Macht geben. Als individuelle, bewusste Schöpfer der materiellen Realität im Allgemeinen und unserer materiellen Existenz sollten wir danach streben, uns mehr auf das zuzubewegen, was wir wollen, als uns von dem zu entfernen, was wir nicht wollen.

Wir sollten uns mehr um das bemühen, was wir als wünschenswert für die Welt und uns ansehen, als um das, was wir als unerwünscht für die Welt und uns ansehen. Wir sollten mehr für das sein, was wir für gut, richtig und gerecht halten, als wir gegen das sind, was wir für unmoralisch, falsch und ungerecht halten. Dieses Material sollte nicht bedeuten, dass wir keine Handlungen unternehmen können und dürfen, die den Anschein erwecken, dass wir gegen etwas kämpfen oder Widerstand leisten. Es bedeutet, dass wir all diese Schritte von einem grundlegend anderen philosophischen Standpunkt aus angehen sollten. Es ist zum Beispiel in Ordnung, wenn du Obdachlosen Geld gibst. Aber du solltest Obdachlosen kein Geld geben, um zu versuchen, ihren Mangel zu kompensieren. Stattdessen solltest du Obdachlosen Geld mit der ausdrücklichen Absicht geben, ihren Reichtum zu vergrößern. Sieh nicht darauf, dass ein einzelner Obdachloser wenig oder kein Geld hat. Nimm stattdessen zur Kenntnis, dass der betreffende Obdachlose gerade dabei ist, alles Geld zu bekommen, das er benötigt und betrachte die Tatsache, dass du ihm Geld gibst, als Beweis für diese Tatsache. Mit anderen Worten: Füttere nicht die Armut der Menschen. Sorge stattdessen für ihren Wohlstand. Ja, du kannst einem Obdachlosen Geld geben und das ist eine bewundernswerte Sache, aber es gibt eine schädliche und eine hilfreiche Art, das zu tun. Einerseits beobachtest du die Situation auf eine Art und Weise, die dazu beiträgt, den Obdachlosen noch tiefer in sein Gefängnis aus Mangel und Verzweiflung zu stoßen. Indes beobachtest du den Fall in einer Form, die es dir ermöglicht, die obdachlose Person in die Freiheit des Überflusses und der Hoffnung zu führen. Obwohl die Handlung selbst wichtig ist, ist das Bewusstsein, das hinter der Handlung steht, von größter Bedeutung. Gedanken und Gefühle sind die Kräfte, die die materielle Realität zum Guten oder zum Schlechten erschaffen und neugestalten. Denk daran, dass die Art und Weise, wie du das, was du beobachtest, siehst, deine Wirkung auf das, was du beobachtest, bestimmt. Beobachten ist Erschaffen. Denk darüber nach, wie du normalerweise Dinge wie Krieg und Gewalt, Krankheit und sogenannte Ungerechtigkeit betrachtest. Wie hast du diese Dinge gesehen? Wie hast du sie beobachtet? Hast du sie beobachtet, um sie zu stärken und aufrechtzuerhalten oder auf eine Art und Weise, die sie schwächt und auflöst? Es ist entweder das eine oder das andere. Die Gabe der Beobachtung ist mit der Verpflichtung verbunden, verantwortungsvoll zu beobachten. Der Vorteil unserer Fähigkeit, unser Leben zu verändern, indem wir ihnen folgen, ist unser Geschenk der Macht, die Welt zu verändern, indem wir sie beobachten. Und was ist es im Grunde, das bestimmt, wie wir eine bestimmte Sache halten? Letztlich kommt es auf den individuellen Willen und die persönliche Entscheidung an. Wir können wählen, wie wir die Dinge sehen und wir machen die Dinge zu dem, was sie sind und was sie sein werden. Kannst du die Bedeutung dessen begreifen, was du hier liest? Hast du eine Vorstellung davon?

Überhaupt, wie mächtig du bist? Weißt du, dass dein Leben so sein wird, wie du es wählst? Ist dir klar, dass du bisher nur einen winzigen Bruchteil deines Potenzials ausgeschöpft hast? Kannst du dir ausmalen, wie viel mehr für dich möglich ist? Siehst du, dass das, was du siehst, so sein wird, wie es ist, nachdem du es siehst? Kannst du die Tatsache akzeptieren, dass du die Dinge in jedem beliebigen Licht sehen kannst, für das du dich entscheidest?

Es ist Zeit, aufzuwachen. Du musst dich selbst erkennen. Du musst aufhören, dich vor dir selbst zu verstecken. Du musst aufhören, dich zu verleugnen. Du musst dir selbst erlauben, zu sein. Vielleicht willst du mehr Geld oder mehr Erfolg oder mehr Einfluss. Vielleicht wünschst du dir mehr Erfüllung in deinem Leben, bessere Beziehungen oder mehr Seelenfrieden. Der Punkt ist, dass es Dinge gibt, die du erreichen willst, von denen du glaubst, dass sie dir andere Dinge geben, die du dir wünschst. Vielleicht glaubst du zum Beispiel, dass es dich glücklich macht, die Liebe deines Lebens zu finden oder dass es dir Sicherheit gibt, wenn du dich in einem lukrativen Beruf etablierst oder ein großes Vermögen anhäufst. Oberflächlich betrachtet, kannst du auf diese Weise vielleicht etwas von dem finden, was du suchst – zumindest kurzfristig. Aber du wirst niemals wirklich innere Qualitäten – wie das Gefühl des Glücks und der Sicherheit – durch vorübergehende äußere Dinge wie Beziehungen, Gegenstände und Umstände erlangen. Alles, was dir im Weg steht, ist eine Entscheidung. Willst du glücklich sein? Dann sei jetzt zufrieden. Willst du dich sicher fühlen? Dann fühle dich jetzt sicher. Hast du es schon getan? Fühlst du dich jetzt zufrieden und sicher? Du denkst vielleicht, dass du niemals glücklich sein kannst, bis du deinen idealen Partner gefunden hast. Du denkst vielleicht, dass du dich nie sicher fühlen wirst, bis du bestimmte finanzielle Bedingungen erfüllst. Aber was ist, wenn das nicht so ist? Was ist, wenn du erst glücklich sein musst, bevor du deinen idealen Partner finden kannst? Was ist, wenn du dich erst sicher fühlen musst, bevor du bestimmte finanzielle Bedingungen schaffen kannst, die du dir wünschst? Was ist, wenn du es andersherum siehst? Denk über die folgenden Konzepte nach. Der perfekte Partner ist vielleicht nicht die Ursache für dein Glück, sondern eine Folge deiner Zufriedenheit. Die finanziellen Mittel zu haben, die du dir wünschst, ist vielleicht nicht die Ursache für dein Gefühl der Sicherheit, sondern die Auswirkung deines Gefühls der Sicherheit. Das Universum bringt dir nicht das, was du willst oder benötigst, sondern das, was du bist. Alles, was du wahrnimmst und erlebst, spiegelt dich in dir selbst wider. Alles, was du jemals sehen und wissen kannst, bist du selbst.

2 Was ist die Quantenphysik?

Für die meisten Menschen ist der Begriff »Quantenphysik« näher an »Raketenwissenschaft« als an »die Wunder des Universums«. Und das ist wirklich schade. Die meisten von euch denken vielleicht an langweilige Formeln und Erklärungen, wenn sie an Physik denken – aber die Wahrheit ist, dass sowohl die »traditionelle« Physik als auch die Quantenphysik so ziemlich die Wissenschaften sind, die die Geheimnisse des Universums bergen: Das Warum und das Wie, wie der gesamte Kosmos funktioniert.

Ganz gleich, womit du deinen Lebensunterhalt verdienst, die Quantenphysik bringt eine völlig neue Perspektive auf so viele Dinge in deinem Leben, dass es unmöglich ist, sie zu ignorieren. Wie könntest du auch, wenn du weißt, dass die Quantenphysik die Grundlage dessen ist, was du bist, im Hintergrund deines Schicksals, das dein Leben dreht und der Kern deiner Art, als intelligentes Wesen des Universums zu »funktionieren«?

Fast an der Grenze zwischen Wissenschaft und Spiritualität könnte die Quantenphysik endlich in der Lage sein, das Unerklärliche zu offenbaren und uns dabei zu helfen, die Grenzen des Denkens, die uns bisher eingeschränkt haben, zu überschreiten und uns dem Wesen der Welt näherzubringen.

Was sie ist, woher sie kommt und die grundlegenden Theorien, die diese Wissenschaft definieren. Ich lade dich ein, Schritt für Schritt die Schönheit einer Wissenschaft zu entdecken, die lange Zeit als Mysterium und gleichzeitig als unmögliches Thema galt. Lass uns eintauchen und die Grundlagen der Quantenphysik aufdecken!

2.1 Was ist Quantenphysik?

Um zu verstehen, was Quantenphysik ist, musst du zuerst zum »Mutterschiff« gehen, nämlich zur Physik. Für viele Menschen ist Physik das langweilige Schulfach, das man nur als echter Nerd mögen kann: Das Fach, das noch schlimmer als Mathematik und noch schwieriger zu verstehen ist als Chemie.

Für viele andere Menschen dreht sich die Physik um Mechanik oder, für Laien ausgedrückt, darum, »wie Autos funktionieren«. Es stimmt zwar, dass sich die Physik neben vielen anderen Dingen auch damit beschäftigt, wie Autos funktionieren, aber sie beschäftigt sich auch mit etwas mehr als nur damit, wie uns Autos von A nach B bringen. Außerdem ist die Mechanik nur ein Teilgebiet der Physik, aber sie ist neben der Elektronik – einem anderen Teilgebiet der Physik – die Grundlage des Autobaus.

Die Etymologie des Wortes »Physik« ist ziemlich faszinierend: Es stammt vom griechischen Wort »physique« ab, das früher »Wissen über die Natur« bedeutete. Die Definition der Physik ist also eng mit der Natur und dem Kennenlernen der Natur verbunden. Viele definieren Physik als eine Naturwissenschaft, die sich mit der Materie beschäftigt, damit, wie sie sich in Raum und Zeit verhält und wie sie mit Energien und Kräften zusammenhängt.

Jeder dieser Bereiche befasst sich mit einem anderen Aspekt der Materie und anderen Werten (wie die Kernphysik, die untersucht, wie sich das Atomgewicht in verschiedenen Zusammenhängen verhält).

Zusätzlich zu dieser Kategorisierung kann man auch von klassischer und moderner Physik sprechen, um diese Naturwissenschaft aus der Perspektive ihrer zeitlichen Entwicklung zu betrachten. Du fragst dich vielleicht, wo die Quantenphysik in diesem ganzen Paradigma steht?

Nun, die Quantenphysik ist ein etwas seltsames Ding, denn sie wird manchmal als Synonym für die moderne Physik verwendet. Sie ist also sowohl eine Weiterführung der traditionellen Physik als auch ein Gegenspieler. Obwohl sich die moderne Physik größtenteils um die Quantentheorie dreht, ist es erwähnenswert, dass sie im Großen und Ganzen immer noch nur als eine Richtung der modernen Physik angesehen wird. Um die Beziehung zwischen der modernen Physik und der Quantenphysik besser zu verstehen, solltest du dir vor

Augen halten, dass zwei bedeutende Theorien und Theoretiker den Beginn der modernen Physik markiert haben:

Die berühmteste ist die Plancksche Konstante, die besagt, dass die Energie und die Frequenz des Lichts proportional sind, was Einstein dazu veranlasste zu postulieren, dass Licht in kleinen Energiemengen, den sogenannten »Photonen«, existiert. Albert Einstein, dessen Hauptwerk mit der Relativitätstheorie und dem photoelektrischen Effekt zusammenhängt. Die erste postuliert, kurz gesagt, dass massive Objekte eine Verzerrung von Raum und Zeit verursachen können, die sich als Schwerkraft bemerkbar macht. Letzterer besagt, dass Licht nicht in Wellen, sondern in Quanten (kleinen Energiepaketen) existiert, wie oben erwähnt. Während sich die große Physik mit Dingen beschäftigt, die man mehr oder weniger sehen (oder zumindest wahrnehmen kann, vor allem wenn man Experimente durchführt), beschäftigt sich die Quantenphysik mit den kleinsten Teilen der Materie. Das ist ihre eigentliche Definition: Die Wissenschaft, die sich mit der atomaren und subatomaren Bedeutungsebene beschäftigt. Das klingt vielleicht nicht nach viel. Aber die Quantenphysik ist so tief in die Materie eingedrungen (und tut es immer noch), dass sie am Ende vielleicht alles im Universum erklären kann. Alles, was wir noch nie gewusst haben. All die Fragen, auf die wir schon immer eine Antwort gesucht haben – die Essenz des Lebens. Kannst du dir vorstellen, dass die Quantenphysik ein langweiliges Thema ist, wenn du sie aus dieser Perspektive betrachtest? Wann weißt du, dass es die Wissenschaft ist, die uns endlich helfen wird, unseren Platz im Universum zu verstehen, mehr über uns selbst zu erfahren und wohin das alles führen wird?

Sie scheint nicht nur der Schlüssel zu all den Dingen zu sein, die wir nie erreicht haben (wie Teleportation oder das Verstehen von Schicksal und Bestimmung), sondern sie steht auch im Widerspruch zu vielen etablierten Theorien, einschließlich der allgemeinen Relativitätstheorie von Albert Einstein selbst. Da draußen tobt ein Krieg um Wissen und die

Quantenphysik steht zufällig im Zentrum dieses Krieges. Ich wette, ich habe dich jetzt noch neugieriger gemacht!

3 Die Grundbausteine unseres Universums

Der Ausdruck »Quantenmechanik« taucht 1924 in einem Aufsatz von Max Born »Zur Quantenmechanik« auf. Außerhalb des Diskurses empfiehlt er, dass Teilchen Maschinen sind. Aus der Perspektive der Quanten und der Module der Quantengeometrie erhält diese Formulierung den Kern der Teilchen. Quantenmodule sind eingeschränkte Schätzgeräte. Das fundamentale Teilchen wird durch ein einzigartiges Instrument beschrieben, das sich aus der Konsistenz der Quantenmodule zusammensetzt.

Fundamentale Protonenartikulation: Die Anpassungsfähigkeit von Quantenmodulen ermöglicht die Planung verschiedener Schalen, die die ruhenden und kompakten Atome des Teilchens ansprechen. Livestreaming wird mithilfe von Quantenmodulen zu einem kreativen, austauschbaren Medium, das die Kontrakte sortiert. Die Übertragung wird zusätzlich durch die Einbeziehung von Hohlräumen und scheinbaren Teilen erreicht. Ein Korrespondenzsystem wurde erstellt, um mögliche Möglichkeiten innerhalb von Sub-Protonen-Subsegmenten zu untersuchen. Der Rahmen zeigt, dass das verbundene Tetraeder/Oktaeder nicht ausreichend gefordert werden kann, um als quantenmechanische Maschine dargestellt zu werden. Es gibt Ähnlichkeiten zwischen Teilchen und Standardmaschinen. Ein Proton hat einen Rotorteil wie einen Stator. Das geschlossene Oktett analysiert den Rotor und der eingebaute Tetraeder/Oktaeder ähnelt einem Stator. Ein Proton kann als Modifikator einer nahe gelegenen Leerkapazität betrachtet werden. Das Proton verbirgt Teile dieser Verbindung. Der Hadron-Grad, wie er in »Quantenmodule und Materialwissenschaft« (1987) bei der Betrachtung von Wellenatom, Erdteilchen oder Teilchen angesprochen wird, ist verboten. Was das Proton betrifft, sind Lebensraum und Innenteilchen gleichwertig. Bei der begrenzten Erscheinungszeit, dem Kaon, dem Pion und dem Myon ist die Anordnung nahe, während die Polyeder oben auf die Masse der Teilchen anspielen. Innerhalb der Anordnung spielen diese Gruppen oszillierende Entwicklungen.

3.1 Grundlegend für unser Universum: Teilchen

1905 veröffentlichte Einstein eine Abhandlung mit dem Titel »Über einen die Erzeugung und Verwandlung des Lichtes betreffenden heuristischen Gesichtspunkt«, in der er feststellte, dass sich Licht nicht wie Wellen, sondern als ein bestimmtes »Mengenquant« ausbreitet. Einstein schlug vor, dass diese Verstärkung dargestellt oder normaler gemacht werden kann, wenn das Teilchen zwischen den Schwingungsebenen hin und her springt. Das funktioniert auf ähnliche Weise, wie es ein paar Jahre lang erlaubt war, als das Elektron zwischen den versuchten Kreisen hüpfte. Hinter diesem Modell verbirgt sich die lebendige Kraft Einsteins, die die Unterscheidung der Abpraller zwingend notwendig macht; isoliert durch die Plancksche Größe entscheidet der Qualitätskontrast über den Lichtton, den diese Zahl aussendet. Mit diesem idealen Ansatz, das Licht zu betrachten, gab Einstein Einblicke in das Verhalten von neun verschiedenen Phänomenen, einschließlich der spezifischen Farben auf dem besten Weg, Elektronen von Metalloberflächen zu entfernen, ein Wunder, das als »photoelektrischer Stoß« bekannt ist. Allerdings war Einstein nicht einwandfrei gegen diese Verstärkung abgesichert, sagt Stephen Klassen, ein Materialwissenschaftler an der Universität von Winnipeg.

In einer Arbeit aus dem Jahr 2008, »The Photoelectric Effect: Reconstruction of the Physics Classroom Tale« weist Klassen darauf hin, dass Einsteins Quanten keine dieser neun Wunder erklären.

Zum Beispiel sind einige lichtproduzierende Medikamente darauf vorbereitet, bestimmte von Planck aufgedeckte Erscheinungen aufzudecken, wie die lichtabstrahlende Faser und den photoelektrischen Effekt. Für Einsteins bemerkenswerte Nobelpreisverleihung von 1921 hat das Nobelkomitee allerdings »seine Entdeckung des Gesetzes des photoelektrischen Effekts« gewürdigt, die nicht ganz auf der Möglichkeit der dynamischen Lebenskraft beruhte. Fast zwanzig Jahre nach Einsteins Aufsatz wurde der Begriff »Photon« eingeführt, um die Quantengröße zu beschreiben, basierend auf Arthur Comptons Arbeit von 1923. Er stellte fest, dass Licht, das durch ein Elektron gestreut wird, die Verkleinerung verändert. Das deutete darauf hin, dass leuchtende Teilchen (Photonen) auf Elektronenteilchen prallen und bestätigte Einsteins Argumentation. Jetzt war klar, dass sich Licht wie Wellen und Atome fortbewegen konnte, womit ein »Welle-Teilchen-Dualismus« des Lichtes am Anfang der Quantenphysik stand.

3.2   Aufsteigende und stationäre Wellen

Bei Wellen wird zum Beispiel von vermeintlich bewegten Wellen gesprochen, da sie sich im Raum bewegen. Das Modell erschien, die Verbesserung von links nach rechts; dennoch könnte es von links nach rechts sein.

Wie die Zuflüsse des Ozeans sollten wir über die stehenden Wellen nachdenken. Wir sehen, dass die Welle eine ähnliche Form hat, wie die soeben untersuchte und das Wasser ist wieder frei; es bewegt sich jedoch nicht, sondern bleibt in einer praktisch identischen Position – daher der Name. In der Regel entsteht eine Stoppwelle, wenn sie durch eine Lücke in Verbindung mit zwei Schnittpunkten behindert wird. Eine Welle, die sich aufbaut, taucht an einem der Schnittpunkte auf und wird in Richtung eines anderen Pfades zurückgezogen. Wenn die Wellen in beide Richtungen miteinander verbunden sind, ist die Folge des Netzes eine stehende Welle. Wenn alles andere fehlschlägt, werden die Teiler des offenen Gebiets mit der grundsätzlichen Erwartung geöffnet, dass das Schloss sie nicht angreifen kann, wodurch die Wellenerfüllung an den Grenzen des Lochs gleich null ist. Das bedeutet, dass die Flutwellen nur in der Tiefe gestoppt werden sollten. Damit die Flut so niedrig ist, wie es unter den gegebenen Umständen zu erwarten ist, muss die Wiederholung der Flut so hoch sein, dass die absolute Anzahl der Zinnen oder Pfosten in den Raum eindringen kann. Dieses Gesetz unterstützt die Verbesserung verschiedener Apparate. Zum Beispiel wird ein Ton, der von einer Geige oder einer Gitarre übertragen wird, von einer Frequenz geleitet, die durch einen Draht gegeben wird, der an der Länge der Saiten befestigt ist, die der Spieler auf den Anschlag legt. Um die Höhe des Tons zu verändern, drückt der Spieler/die Spielerin die Schnur auf die scharfen Stellen, die die Länge einer bestimmten Schwingungsperiode der Reihe verändern. 2 stehende Wellen nehmen in jedem Instrument eine ähnliche Fähigkeit vorweg: Holz- und Metallbläser setzen vertikale Wellen mit moderaten Luftmengen. Gleichzeitig entsteht der Klang der Trommeln durch die steilen Wellen, die sich auf dem Fell der Trommel abzeichnen. Die Arten von Klängen, die von den verschiedenen Instrumenten übermittelt werden, haben sich überholt und verschoben – auch wenn die erzeugten Töne praktisch gesehen etwas gemeinsam haben. Ebendarum schlagen wir vor, dass die Vibration in keiner Weise eine vernünftige undeutliche Bemerkung im Gegensatz zu einer der erlaubten Frequenzen ist, sondern aus einer Mischung fester Wellen besteht, die in ihrer Gesamtheit einen steilen Abfall bewirken.

Feste Wellen entstehen, wenn die Flut auf den Raum beschränkt ist. Bisweilen ist sie, wie zu erwarten war, nicht in der Gegend geworden. Unabhängig davon, wenn die Wellen noch das Ganze wären, würde der Ton nicht an unsere Ohren gelangen. Damit der Klang an die Gruppe gesendet werden kann, muss die Vibration des Instruments Wellen bewegen, die offensichtlich um es herum sind und den Klang an die Gruppe weitergeben. So schwingt unter anderem der Metallkörper mit der Affinität des Seils und erzeugt eine Bewegungswelle, die mit der Gruppe verbunden ist. Ein wichtiger Teil der Wissenschaft (oder der Lebenskraft) der verändernden Instrumente besteht darin, sicherzustellen, dass die Noten der durch die Wellen verdichteten Töne statische

Wellen berücksichtigen, um die entsprechenden Bewegungswellen nachzuahmen. Das vollständige Verständnis der Instrumente und wie sie Töne an die Gruppe senden, ist ein einzigartiger Punkt, den wir nicht weiter ausführen müssen.

3.3 Lichteinflüsse

Verschiedene Begegnungen beinhalten enorme elektrische Wellen, die von Radiowellen reflektiert werden und Zeichen an unsere Radios und Fernseher senden, sowie Licht. Diese Wellen haben unterschiedliche Frequenzen:

Standard-FM-Radiozeichen haben etwa eine Wiederholung von 3 Metern, während die Lichtkraft in ihrer Reichweite etwa 4×10^{-8} m blaues Licht und 7×10^{-8} m rotes Licht ausstrahlt; verschiedene Töne haben Frequenzen zwischen diesen Komponenten.

Lichtwellen sind nicht mit Wasser- und Schallwellen gleichzusetzen, weil in den oben genannten Modellen nichts gegen den schwingenden Modus (z. B. Wasser, Link oder Luft) spricht. Es ist unbestritten, dass Lichtwellen ideal für den leeren Raum sind, wie wir am Licht der Sonne und der Sterne sehen können. Einige sind überzeugt, dass der Raum normalerweise nicht gefüllt ist, sondern durch einen verborgenen Gegenstand, den sogenannten »Äther«, ersetzt wird, der die Lichtwellen beeinflussen sollte. Diese Spekulationen gerieten jedoch ins Wanken, als man feststellte, dass Strukturen ähnlich hohe Frequenzen des Lichts erzeugen müssen, was nicht möglich ist, da der Äther die Verbesserung von Gegenständen nicht schützt (z. B. die Erde in ihrer Drift).

Es war James Clerk Maxwell, der in den 1860er-Jahren darauf hinwies, dass die Hypothese unsinnig ist. Zu diesem Zeitpunkt war das Studium der Solidarität und des Zinses schon weit fortgeschritten. Maxwell hatte die Möglichkeit zu zeigen, dass sie in zahlreichen einzigartigen Situationen vollständig enthalten sind (heute bekannt als »Maxwellsche Bedingungen«).

Er wies auch darauf hin, dass eine einzige Art von Reaktion auf diese Bedingungen die Nähe der Wellen zu den abgehackten elektrischen und anziehenden Räumen aufbricht, die den leeren Raum ohne die Notwendigkeit eines Vermittlers entdecken können. Die Geschwindigkeit, mit der sich diese »elektrischen« Wellen fortbewegen, wird durch die Hauptjahreszeiten von Kraft und Energie begrenzt. Das hat die Wahrscheinlichkeit, dass Licht elektrische Wellen ist, zuverlässig erhöht. Heute kann man davon ausgehen, dass dieses Modell auch bei anderen Wundern funktioniert, z. B. bei Radiowellen, Infrarotstrahlung (Wärme) und Röntgensäulen.

3.4   Materiewellen

Die Art und Weise, wie das regelmäßig als Wellen bezeichnete Licht subatomare Eigenschaften hat, veranlasst den französischen Gelehrten Louis de Broglie zu der Einschätzung, dass die verschiedenen Komponenten, die wir konkret als Teilchen betrachten, Wellenkomponenten sind. Demnach würde sich ein leuchtendes Licht, das man sich häufig als einen Schwall kleiner Teilchen vorstellt, gelegentlich wie eine Welle ausbreiten. Diese Fehlsichtigkeit wurde in den 1920er-Jahren von Davidson und Germer erstmals bestätigt: Sie ließen den Elektronenstab an einem Grafitstein vorbeifließen und warfen einen Blick auf ein Hindernisgerüst in der Nähe der lebenswichtigen Ebene, das beim Schneiden des Lichts gesendet wurde.

Wie wir gesehen haben, ist dieses Material ein wichtiger Beweis dafür, dass Licht eine Welle ist. Dieser Test ist also ein schneller Beweis dafür, dass dieses Modell auch auf Elektronen angewendet werden kann. Danach wurden die Eigenschaften von gewichtigen Moleküloberflächen, z. B. von Neutronen, genauer unter die Lupe genommen. Es ist nun erwiesen, dass die Wellen-Atom-Haltung ein typisches Material in einem breiten Teilchenbereich ist. Zweifelsohne haben auch die bekanntesten Gegenstände wie Sand, Fußball oder Autos Welleneigenschaften, auch wenn in diesen Fällen die Wellen nicht vollständig zugänglich sind – vor allem, weil die erstaunliche Wiederholung weder Reim noch Grund hat. Da der exzellente Stil jedoch aus Partikeln besteht, die alle ihre eigenen Frequenzen haben, wird jede dieser Wellen zuverlässig geschnitten und erzeugt.

4 Strahlung des Schwarzen Körpers

Die klassische Lichttheorie und Plancks Berechnungen führten nicht nur zu dem Schluss, dass die Verteilung der Wellenlängen im blau-violetten Bereich konzentriert war, sondern sogar (aufgrund der Verzweiflung der theoretischen Physiker, die zunehmend ratlos waren), dass die Intensität in den entfernteren Regionen des Ultraviolett unendlich wurde. Jemand, vielleicht ein Journalist, nannte die Situation eine »ultraviolette Katastrophe«. Es war eine Katastrophe, weil die theoretische Vorhersage überhaupt nicht mit den experimentellen Daten übereinstimmte. Die Glut würde, um den Berechnungen zu lauschen, kein rotes Licht aussenden, wie die Menschheit seit mindestens tausend Jahren weiß, sondern blaues Licht. Es war einer der ersten Risse im Gebäude der klassischen Physik, die bis dahin unangreifbar schien. (Gibbs hatte etwa fünfundzwanzig Jahre zuvor einen weiteren, wahrscheinlich den allerersten, entdeckt, dessen Bedeutung damals noch nicht verstanden wurde, außer vielleicht von Maxwell). Die Kurven der Strahlung des schwarzen Körpers haben Spitzen, die von der Temperatur abhängen (bei niedrigen Temperaturen eher rot, bei hohen Temperaturen eher blau). Sie alle gehen jedoch im sehr kurzwelligen Bereich schnell auf null zurück. Was passiert, wenn eine elegante und gut geprüfte Theorie, die von den größten Geistern der Zeit erdacht und von allen europäischen Akademien bestätigt wurde, mit den brachialen und groben experimentellen Daten kollidiert? Wenn für Religionen Dogmen unantastbar sind, werden fehlerhafte Theorien für die Wissenschaft eher weggefegt.

4.1 Die Entdeckung der Strahlung schwarzer Körper

Die klassische Physik sagt voraus, dass der Toaster blau leuchtet, obwohl jeder weiß, dass er rot ist. Erinnere dich daran: Jedes Mal, wenn du Toast machst, beobachtest du ein

Phänomen, das eklatant gegen die klassischen Gesetze verstößt. Und auch wenn du es (noch) nicht weißt, hast du die experimentelle Bestätigung, dass Licht aus diskreten Teilchen besteht; es ist gequantelt. Das ist Quantenmechanik live! Young, es wurde bewiesen, dass Licht eine Welle ist? Klar und es ist wahr. Machen wir uns bereit, denn es wird gleich sehr seltsam werden. Wir sind immer noch Reisende, die neue und bizarre Welten in der Ferne erforschen – und doch kommen wir immer wieder dorthin, sogar von einem Toaster aus. Max Planck Berlin, das Epizentrum der Ultraviolett-Katastrophe, war das Reich von Max Planck, einem theoretischen Physiker, der damals in den Vierzigern war, einem großen Experten für Thermodynamik. Er war sich der Katastrophe bewusst und der Erste, der etwas darüber verstehen wollte. Im Jahr 1900 gelang es ihm, ausgehend von den experimentellen Daten seiner Kollegen und mit einem mathematischen Trick, die aus der klassischen Theorie abgeleitete Formel in eine andere umzuwandeln, die optimal mit den Messungen übereinstimmte. Plancks Manipulation ermöglichte es den langen Wellen, sich bei allen Temperaturen ruhig zu zeigen, mehr oder weniger, wie es die klassische Physik erwartet. Allerdings schränkte er die kurzen Schlösser ein, indem er ihnen eine Art Maut für ihre Emission auferlegte. Dieses Hindernis schränkte das Vorhandensein von blauem Licht ein, das weniger stark strahlte.

Der Trick schien zu funktionieren. Die Maut sorgte dafür, dass die höheren Frequenzen (zur Erinnerung: Kurzwellen = hohe Frequenzen) teurer waren, d. h. sie benötigten viel mehr Energie als die niedrigen Frequenzen. Nach Plancks richtiger Überlegung reichte die Energie bei niedrigen Temperaturen also nicht aus, um die Maut zu bezahlen und es wurden keine Kurzwellen ausgesendet. Um zu unserer Theatermetapher zurückzukehren: Man hatte einen Weg gefunden, die vorderen Reihen zu befreien und die Zuschauer in die mittleren Reihen und in die Tunnel zu drängen. Eine plötzliche Eingebung (die nicht typisch für seine Arbeitsweise war) ermöglichte es Planck, die Wellenlänge (oder das

Frequenzäquivalent) mit der Energie in Verbindung zu bringen: je länger die Länge, desto weniger Energie. Das scheint eine elementare Idee zu sein und das ist es auch, denn so funktioniert die Natur. Aber die klassische Physik hat das überhaupt nicht in Betracht gezogen. Nach Maxwells Theorie hing die Energie einer elektromagnetischen Welle nur von ihrer Intensität ab, nicht von ihrer Farbe oder Frequenz. Wie hat Planck diese Eigenschaft in seine Behandlung des schwarzen Körpers eingebaut? Wie hat er es geschafft, die Idee zu vermitteln, dass Energie nicht nur von der Intensität, sondern auch von der Frequenz abhängt? Es fehlen noch zwei Teile des Puzzles, denn du musst angeben, was mehr Energie hat, wenn die Frequenzen zunehmen. Um das Problem zu lösen, fand Planck einen effizienten Weg, das ausgestrahlte Licht unabhängig von der Wellenlänge in Pakete, sogenannte Quanten, zu unterteilen, von denen jedes eine Energiemenge hat, die von seiner Frequenz abhängt. Plancks aufschlussreiche Formel ist so einfach wie möglich: In Worte gefasst: »Die Energie eines Lichtquants ist direkt proportional zu seiner Frequenz.« Die elektromagnetische Strahlung setzt sich also aus vielen kleinen Paketen zusammen, von denen jedes eine bestimmte Energie hat, die gleich seiner Frequenz multipliziert mit einer Konstante h ist. Die Leistung des ausgestrahlten Lichts ist gleich der Anzahl derer, die sich bei einer bestimmten Frequenz registrieren, multipliziert mit ihrer Energie.

Plancks Versuch, die Daten mit der Theorie in Einklang zu bringen, führte zu der Idee, dass hohe Frequenzen (d. h. kurze Wellen) für den schwarzen Körper teuer in der Leistung waren. Seine Gleichung stimmte bei allen Temperaturen perfekt mit den Kurven überein, die bei experimentellen Messungen ermittelt wurden. Interessant ist, dass Planck nicht sofort erkannte, dass seine Änderung der Maxwellschen Theorie direkt mit der Natur des Lichts zu tun hatte. Stattdessen war er davon überzeugt, dass der Schlüssel zu dem Phänomen in den Atomen lag, aus denen die Wände des schwarzen Körpers bestanden, also in der Art und Weise, wie das Licht emittiert wurde.

Die Bevorzugung von Rot gegenüber Blau lag nicht an den intrinsischen Eigenschaften dieser Wellenlängen, sondern daran, wie sich die Atome bewegten und verschiedene Farben abgaben. Auf diese Weise hoffte er, Konflikte mit der klassischen Theorie zu vermeiden, die bis dahin Wunder gewirkt hatte: Immerhin trieben Elektromotoren Züge und Straßenbahnen in ganz Europa an und Marconi hatte gerade den drahtlosen Telegrafen patentiert. Maxwells Theorie war nicht falsch und Planck hatte nicht vor, sie zu korrigieren: Er wollte lieber versuchen, die geheimnisvolle Thermodynamik zu ändern. Doch seine Hypothese über die Wärmestrahlung enthielt zwei sensationelle Abweichungen von der klassischen Physik. Erstens fehlt die Korrelation zwischen der Intensität der Strahlung und ihrer Frequenz in der Maxwellschen Vorstellung völlig. Dann die Einführung diskreter Größen, der Quanten. Dies sind zwei Aspekte, die miteinander zusammenhängen.

Für Maxwell war die Intensität eine kontinuierliche Größe, die jeden realen Wert annehmen konnte und nur von den elektrischen und magnetischen Feldern abhing, die mit der Lichtwelle verbunden waren. Für Planck ist die Leistung bei einer bestimmten Frequenz gleich der Anzahl der Quanten, die der Frequenz selbst entsprechen und jeweils Energie tragen. Diese Idee roch verdächtig nach »Lichtteilchen«, doch alle Beugungs- und Interferenzexperimente bestätigten den Wellencharakter.

Niemand, auch nicht Planck, verstand damals die Bedeutung dieses Wendepunkts. Für ihren Entdecker waren die Quanten konzentrierte Strahlungsimpulse, die von den Atomen des schwarzen Körpers ausgingen, die sich aufgrund thermischer Erregung in rasender Bewegung befanden und sie nach unbekannten Mechanismen aussandten. Er konnte nicht ahnen, dass dieses »h«, das heute Plancksche Konstante genannt wird, der Funke einer Revolution sein würde, die zu den ersten Brüllern der Quantenmechanik und der modernen Physik führen würde.

Die große Entdeckung der »Quantenenergie« erfolgte im Alter von zweiundvierzig Jahren; Planck wurde 1918 mit dem Nobelpreis für Physik ausgezeichnet. Einstein betritt die Bühne. Die außergewöhnlichen Konsequenzen der Einführung der Quantenphysik wurden unmittelbar danach von einem damals noch unbekannten jungen Physiker verstanden, keinem anderen als Albert Einstein. Er las Plancks Artikel im Jahr 1900 und hatte, wie er erklärte, das Gefühl, »dass ihm der Boden unter den Füßen fehlt.« Das zugrundeliegende Problem war folgendes: Waren die Energiepakete Kinder des Emissionsmechanismus oder waren sie eine intrinsische Eigenschaft des Lichts? Einstein erkannte, dass die neue Theorie ein wohldefiniertes, beunruhigend diskretes, teilchenähnliches Gebilde vorsah, das in den Prozess der Lichtemission durch überhitzte Substanzen eingriff. Zunächst wollte sich der junge Physiker jedoch nicht auf die Idee einlassen, dass die Quantisierung eine grundlegende Eigenschaft des Lichts ist.

An dieser Stelle ist es notwendig, ein kleines Wort über Einstein zu sagen. Er war kein Wunderkind und mochte die Schule nicht besonders. Als Junge hätte ihm niemand eine blühende Zukunft vorausgesagt. Aber die Wissenschaft hatte ihn schon immer fasziniert, seit sein Vater ihm im Alter von vier Jahren einen Kompass zeigte. Er war wie verzaubert: Unsichtbare Kräfte zwangen die Nadel, immer nach Norden zu zeigen, egal in welche Richtung sie gedreht wurde. In seinem Alter schrieb er: »Ich erinnere mich gut oder besser gesagt, ich glaube, ich erinnere mich gut an den tiefen und bleibenden Eindruck, den diese Erfahrung hinterlassen hat.« Mit sechzehn schrieb er seinen ersten wissenschaftlichen Artikel, der sich mit dem Äther im Magnetfeld befasste. An dem Punkt, an dem unsere Geschichte ansetzt, ist Einstein noch ein Fremder. Da er nach dem Ende seines Studiums keine Anstellung an der Universität erhalten hatte, begann er, Privatvorlesungen zu halten und Vertretungen zu machen und kam dann als Angestellter zum Schweizer Patentamt in Bern. Obwohl er nur an den Wochenenden Zeit für seine Forschungen hatte, legte er in den sieben Jahren, die er in diesem Amt verbrachte, die Grundlagen der Physik des 20. Jahrhunderts und entdeckte eine Möglichkeit, Atome zu zählen (d.h. die Avogadro-Konstante zu messen), erfand die enge Relativitätstheorie (mit all ihren tiefgreifenden Folgen für unsere Vorstellungen von Raum und Zeit, nicht zu vergessen), leistete bedeutende Beiträge zur Quantentheorie und vieles mehr.

Zu seinen vielen Talenten zählte Einstein auch die Synästhesie, d. h. die Fähigkeit, Daten aus verschiedenen Sinnen zu kombinieren, z. B. aus dem Sehen und Hören. Wenn er über ein Problem nachdachte, wurden seine geistigen Prozesse immer von Bildern begleitet. Er wusste, dass er auf dem richtigen Weg war, weil er ein Kribbeln in seinen Fingerspitzen spürte.

Sein Name sollte 1919 zum Synonym für den großen Wissenschaftler werden, als dank einer Sonnenfinsternis seine Allgemeine Relativitätstheorie experimentell bestätigt wurde. Den Nobelpreis erhielt er jedoch 1905 für etwas anderes als die Relativitätstheorie: die Erklärung des photoelektrischen Effekts. Wenn elektromagnetische Strahlung mit einer geeigneten Frequenz auf die Oberfläche eines Metalls wie Natrium trifft, werden Elektronen aus dem Metall emittiert. Dieses Phänomen der Emission von Elektronen aus bestimmten Materialien (zu denen einige Metalle und Halbleiter gehören) durch elektromagnetische Strahlung wird als photoelektrischer Effekt bezeichnet. Dieser Effekt kann mit einem Aufbau wie dem in Abbildung 1.1 gezeigten demonstriert und untersucht werden.

Abbildung 1.1: Aufbau zur Untersuchung und Analyse des photoelektrischen Effekts; E ist die emittierende Oberfläche, C ist die Sammelelektrode; A ist ein Strommessgerät; S ist eine Gleichspannungsquelle, deren Polarität umgekehrt werden kann; R bezeichnet einen Widerstand; die tatsächliche Schaltung muss nicht so einfach sein wie hier gezeigt.

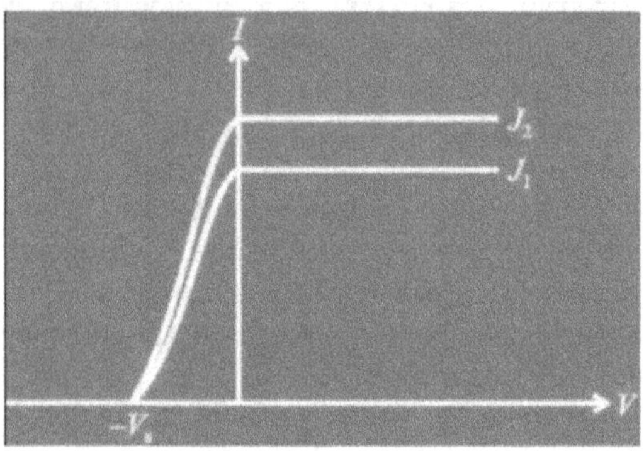

Die untere der beiden in Abb. 1.1 gezeigten Kurven beschreibt diese Veränderung von I mit V für eine bestimmte Intensität (J1) der einfallenden Strahlung. Die Frequenz wird ebenfalls auf einem ausreichend hohen Wert konstant gehalten.

Eine metallische Sendeelektrode (E) und eine Sammelelektrode (C) befinden sich in einer evakuierten Kammer, in der ein Fenster elektromagnetische Strahlung geeigneter Frequenz auf E fallen lässt. Zwischen E und C wird ein Stromkreis aus einer EMK-Quelle (S), einem Widerstand (R) und einem empfindlichen Strommessgerät (A) aufgebaut. Die Polarität von S kann geändert werden, sodass C entweder ein höheres oder ein niedrigeres Potenzial in Bezug auf E haben kann. Mit dieser Anordnung lassen sich mehrere spannende Merkmale der fotoelektrischen Emission aufzeichnen. Nehmen wir an, dass das Potenzial (V) von C zu E bei einer bestimmten Intensität der einfallenden Strahlung positiv ist. In diesem Fall werden alle von E emittierten Elektronen von C aufgefangen und A zeichnet einen Strom (I) auf. Dieser bleibt fast konstant, wenn V erhöht wird, weil alle Fotoelektronen von C gesammelt werden, wenn V schmeichelhaft ist. Dies wird als Sättigungsstrom für die gegebene Intensität der einfallenden Strahlung bezeichnet. Das gesamte Phänomen, dass ein Strom durch die Emission von Fotoelektronen aus E aufgenommen wird, hängt jedoch von der Strahlungsfrequenz ab. Wenn die Frequenz niedrig genug ist, findet keine fotoelektrische Emission statt und es wird kein Fotostrom gemessen. Für den Moment nehmen wir an, dass die Frequenz hoch genug ist, damit die fotoelektrische Emission stattfinden kann und kehren zu Abbildung 1.1 zurück. Wenn man die Frequenz und die Intensität der Strahlung konstant hält, kehrt man nun die Polarität von S um und zeichnet den Fotostrom mit zunehmender Größe von V auf. Man stellt fest, dass der Fotostrom bestehen bleibt, aber allmählich abnimmt, bis er bei einem Wert Vs des Potenzials von C bezüglich E null wird. Dies wird in Abb. 1.1 grafisch dargestellt.

Wiederholt man das Experiment für einen anderen Wert, z. B. J2, der Strahlungsintensität, so erhält man eine ähnliche Veränderung wie in der oberen Kurve der Abbildung. 1.1, aber mit einem anderen Wert für den Sättigungsstrom, der bei J2 > J1 höher ist. Das Abschaltpotenzial hängt jedoch nicht von der Intensität ab, denn wie in der Abbildung zu sehen ist, ergeben beide Kurven denselben Wert für das Abschaltpotenzial. Wird der Test hingegen mit verschiedenen Frequenzwerten wiederholt, während die Intensität konstant bleibt, zeigt sich, dass das Haltepotenzial mit der Frequenz steigt (Abbildung 1.2). Wird die Frequenz verringert, sinkt das Stopppotenzial bei einem endlichen Wert der Frequenz auf null. Dieser Wert der Frequenz ist eine Eigenschaft des emittierenden Materials und wird als dessen Schwellenfrequenz bezeichnet. Wenn die Frequenz der einfallenden Strahlung nicht höher als die Schwellenfrequenz ist, kann keine fotoelektrische Emission aus dem betrachteten Material auftreten. Außerdem findet die fotoelektrische Emission schon bei beliebig kleinen Werten der Intensität statt. Die Verringerung der Leistung bewirkt lediglich eine Verringerung des Fotostroms, ohne die Emission ganz zu stoppen.

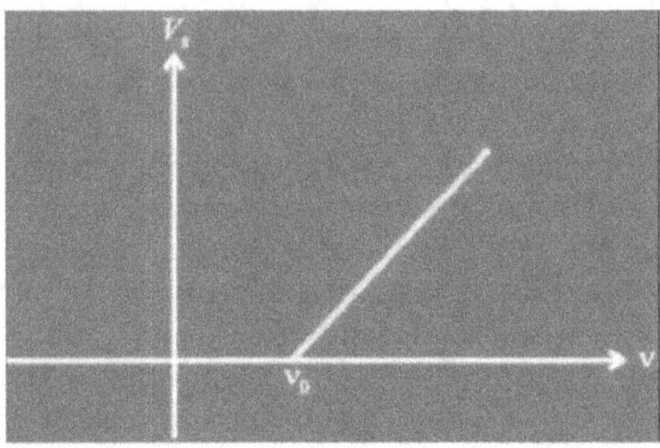

Abbildung 1.2: Veränderung des Stopppotenzials mit der Frequenz; wenn die Frequenz unter dem Schwellenwert liegt, findet keine photoelektrische Emission statt, egal wie hoch die Intensität ist.

4.2 Die Rolle der Photonen bei der fotoelektrischen Emission

All diese beobachteten Merkmale der fotoelektrischen Emission konnten mit der klassischen Theorie nicht erklärt werden. Die klassische Theorie besagt zum Beispiel, dass unabhängig von der Frequenz fotoelektrische Emission auftreten sollte, wenn die Strahlungsintensität hoch genug ist, denn bei einer hohen Strahlungsintensität sollten die Elektronen im emittierenden Material genügend Energie erhalten, um herauszukommen und ihre Bindungskraft zu überwinden.

Einstein erklärte die beobachteten Eigenschaften des photoelektrischen Effekts erstmals vollständig, indem er sich auf die Idee des Photons als Energiequant berief, wie sie von Planck im Kontext seiner Herleitung der Formel für das

Spektrum des Schwarzen Körpers eingeführt wurde. Während die Photonen in der Strahlung des Schwarzen Körpers die Energiequanten waren, die mit stehenden Wellen verbunden sind, gelten ähnliche Überlegungen auch für die Ausbreitung von Strahlung. Die Komponenten der elektrischen und magnetischen Feldstärken der sich ausbreitenden monochromatischen elektromagnetischen Strahlung variieren nämlich sinusförmig mit der Zeit. Wiederum kann eine sich ausbreitende Feldmode als quantenmechanischer harmonischer Oszillator mit einer Frequenz betrachtet werden, d. h. der Mindestwert, um den die Energie der Strahlung zu- oder abnehmen kann, ist wiederum der Wert, um den die Energie zu- oder abnimmt und diese Zunahme oder Abnahme kann wiederum als das Erscheinen oder Verschwinden eines Energiequants oder eines Photons mit einer Frequenz beschrieben werden. Außerdem trägt ein solches Photon, das mit einem progressiven Wellenmodus verbunden ist, einen Impuls wie jedes andere Teilchen, z. B. ein Elektron (im Gegensatz dazu hat ein Energiequant der Schwarzkörperstrahlung keine Nettorate). Die Begriffe für Energie und Impuls eines Photons mit Frequenz sind, die uns inzwischen vertrauten »de Broglie«-Beziehungen:

$$E = h\nu, \; p = hc/\lambda$$

Die Wellenlänge, der sich ausbreitenden monochromatischen Strahlung und nur die Größe des Impulses, wurden berücksichtigt.

Wenn monochromatische Strahlung einer Frequenz auf die Oberfläche eines Metalls oder eines Halbleiters auftrifft, wechselwirken Photonen der gleichen Frequenz mit dem Material. Diese tauschen teilweise Energie mit den Elektronen im Material aus. Dies kann als Zusammenstöße zwischen den Photonen und den Elektronen interpretiert werden, bei denen die Energie des Photons, das einen Zusammenstoß verursacht, auf das Elektron übertragen wird. Diese Energieübertragung kann ausreichen, um das Elektron aus dem Material herauszuschlagen, wodurch es zu photoelektrischen Emissionen kommt.

4.3 Gebundene Systeme und Bindungsenergie

Ein Metall oder ein Halbleiter sind ein kristallines Material, in dem viele Atome in einer regelmäßigen periodischen Struktur angeordnet sind. Die Elektronen in einem solchen Material sind an die gesamte kristalline Struktur gebunden. In diesem Zusammenhang ist es wichtig, das Konzept eines gebundenen Systems zu verstehen. Ein kleines Stück Papier, das auf eine Pappe geklebt ist, bildet unter anderem ein gebundenes System und es braucht eine gewisse Energie, um das Stück Papier von der Pappe zu lösen. Wenn die Leistung des Netzwerks, das aus dem vom Brett getrennten Papier besteht, als Null angenommen wird (bei der Energiebilanzierung kann jeder Energie ein vorher festgelegter Wert zugewiesen werden, da die Leistung in Form einer additiven Konstante unbestimmt ist) und wenn die zum Zerreißen des Papiers benötigte Energie E ist, dann sagt uns der Energieerhaltungssatz, dass die Leistung des gebundenen Systems mit dem auf das Brett geklebten Papier gewesen sein muss, da die Zerreißenergie E zu dieser Anfangsenergie addiert die Endleistung 0 ergibt.

Ein weiteres Beispiel für ein gebundenes System ist ein Wasserstoffatom, das aus einem Elektron besteht, das durch die anziehende Coulomb-Kraft zwischen den beiden an ein Proton geklebt wird. Auch hier braucht es Energie, um das Elektron aus dem Atom herauszuschlagen, sodass ein ungebundenes Elektron entsteht, das vom Proton getrennt ist. Die Energie des geteilten Systems, in dem sich sowohl das Proton als auch das Elektron in Ruhe befinden, wird vereinbarungsgemäß mit null angesetzt. Der Ausdruck gibt die Energie des gebundenen Wasserstoffatoms mit dem Elektron im »n-ten« stationären Zustand an. Beachte, dass diese Energie eine negative Größe ist, was bedeutet, dass eine gleich große positive Energie notwendig ist, um das Elektron aus dem Proton herauszureißen. Diese Methode, ein Elektron aus einem Atom herauszuschlagen, nennt man Ionisierung. Sie kann mithilfe eines Photons erreicht werden, das dem Elektron die nötige Energie liefert und der Prozess wird als Photoionisation bezeichnet.

Ein Wasserstoffmolekül ist ein gebundenes System, das aus zwei Protonen und zwei Elektronen in genau gleicherweise besteht. Betrachtet man eines dieser Elektronen, so kann man sagen, dass es nicht an eines der beiden Protonen gebunden ist, sondern an das Protonenpaar zusammen. Die beiden Elektronen werden nämlich von den Protonen gemeinsam genutzt und bilden eine sogenannte kovalente Bindung zwischen den Protonen. Auch hier braucht es eine gewisse Energie, um eines dieser Elektronen aus dem Wasserstoffmolekül herauszuschlagen.

Die Mindestenergie, die nötig ist, um die Bestandteile eines gebundenen Systems zu trennen, wird als Bindungsenergie bezeichnet. Wenn sie diese Energie erhalten, werden die Teile voneinander getrennt, ohne dass sie in der gelösten Konfiguration kinetische Energie erhalten. Erhält das gebundene System eine Energiemenge, die größer ist als die Bindungsenergie, wird die zusätzliche Energie in kinetische Energie umgewandelt. Ein beeindruckendes Ergebnis ist in diesem Zusammenhang, wenn eine der Komponenten viel leichter ist als die andere. In diesem Fall wird die zusätzliche Energie fast vollständig durch die kinetische Energie der leichteren Komponente verbraucht.

Wenn ich von einem gebundenen System spreche, impliziere ich stillschweigend, dass es als ein System betrachtet wird, das aus zwei Komponenten besteht. Derselbe Vorgang kann auch als ein System betrachtet werden, das aus mehr als zwei Teilen besteht. Bei dem Papier, das auf das Brett geklebt wird, habe ich etwa das Papier und das Brett vor Augen. Bei ausreichender Energiezufuhr kann das Brett aber auch in zwei oder mehr Teile zerbrechen und dann müsste man an ein System denken, das aus mehr als zwei Komponenten besteht. Tatsächlich bestehen das Brett und das

Stück Papier aus vielen Molekülen und die Moleküle können alle voneinander weggerissen werden.

Ebenso können alle zwei Elektronen und die zwei Protonen, aus denen das Wasserstoffmolekül besteht, voneinander weggezogen werden. Dazu ist eine andere Energiemenge erforderlich als die, die benötigt wird, um nur ein Elektron von einem Ion zu trennen. Letzteres bezeichnen wir als die Bindungsenergie des Elektrons im Wasserstoffmolekül.

5 Der photoelektrische Effekt: Ist alles gequantelt?

Wir haben gesehen, dass die Theorie der Schwarzkörperstrahlung nur dann zu den experimentellen Beweisen passt, wenn wir davon ausgehen, dass Energie immer paketweise, in Form von diskreten Quanten, absorbiert und emittiert wird. Die Schwarzkörperstrahlung war jedoch nur der erste Hinweis dieser Art. Viele andere Experimente zeigten, dass die Natur Energie nur in Form von Quanten austauscht. Diese Experimente erzählten uns die gleiche Geschichte auf unterschiedliche Art und Weise, aber immer mit dem gleichen zugrundeliegenden Schema, wonach Energie und damit auch Licht aus dem besteht, was wir uns als Teilchen vorstellen. Eines der wichtigsten Beweisstücke dieser Art war der sogenannte »photoelektrische Effekt«, der in der konventionellen Physik als Beweis für das Lichtteilchen Photon gilt (ein Wort, das von dem amerikanischen Physiker Gilbert N. Lewis geprägt wurde). Der photoelektrische Effekt wurde bereits 1887 von dem deutschen Physiker H.R. Hertz entdeckt. Er beobachtete, dass das Auftreffen von Licht mit ausreichend hoher Frequenz auf eine Metallplatte dazu führt, dass geladene Teilchen von der Metalloberfläche emittiert werden. Diese entpuppten sich als Elektronen. Hertz war jedoch nicht in der Lage, die wahre Bedeutung und die physikalischen Implikationen dieses Phänomens zu erklären. Das theoretische Verständnis und die Erklärung kamen im Jahr 1905, entwickelt von Einstein. Um zu erkennen, worum es dabei geht, werden wir hier nur eine kurze Skizze skizzieren, ohne groß auf die technischen Details einzugehen.

Das Ziel ist einfach, dir eine intuitive Vorstellung zu vermitteln. Stell dir vor, du hast eine Metallplatte, auf die du einen Lichtstrahl wirfst. Nehmen wir an, das Licht liegt im fernen Infrarotspektrum, also weit unterhalb des roten Lichts, was bedeutet, dass wir nur eine relativ niederfrequente (langwellige) EM-Welle verwenden. Dieser niederfrequente

Lichtstrahl hätte keine Auswirkungen auf die Metallplatte (außer natürlich, dass sie sich erhitzen oder schließlich schmelzen würde); es würde keine Emission von geladenen Teilchen, den Elektronen, beobachtet werden, solange das Licht unter einer bestimmten Grenzfrequenz (oder, anders ausgedrückt, über einer bestimmten Wellenlänge) liegt. Dies geschieht unabhängig von der Intensität des Lichtstrahls; selbst bei starken Lichtintensitäten geschieht dies nicht. Wenn das Licht eine Schwellenfrequenz überschreitet, kann plötzlich ein Elektronenfluss von der Metalloberfläche festgestellt werden. Auch dies geschieht unabhängig von der Intensität des Lichtstrahls; es geschieht auch bei Licht mit geringer Intensität. Das zeigt, dass Lichtwellen die Elektronen, die sogenannten »Photoelektronen«, aus dem atomaren Metallgitter herausziehen können. Dies geschieht nur bei einzelnen Metallplatten, was deutlich macht, dass der photoelektrische Effekt die Elektronen nicht direkt aus den Atomen herauszieht. Die Photoelektronen sind im Inneren des Atomgitters gefangen und können sich dennoch frei darin bewegen, wenn ein elektrisches Feld angelegt wird. Diese Eigenschaft macht bestimmte Metalle zu guten Leitern und ermöglicht es uns, elektrische Energie durch Metallkabel zu transportieren.

Daher findet dieser Extraktionsprozess aus dem Metallgitter nur dann statt, wenn die Elektronen eine bestimmte Energie bei einer minimalen Extraktionsfrequenz (oder Extraktionswellenlänge) erhalten. Abb. 20 veranschaulicht diesen Sachverhalt: Wenn wir entlang der horizontalen Achse die Frequenz des einfallenden Lichts und entlang der vertikalen Achse die kinetische Energie des ausgehenden Photoelektrons (nicht zu verwechseln mit dem Impuls, siehe Anhang A-III) verfolgen, können wir sehen, dass die Elektronen nur dann aus der Oberfläche herausgeschleudert werden, wenn die Wellenlänge klein genug ist (oder, anders ausgedrückt, nur dann, wenn die Frequenz hoch genug ist, also größer als). Das bedeutet, dass ein Teil des Lichts, das auf die Metalloberfläche fällt, dazu verwendet werden muss, die Elektronen zunächst aus dem Metallgitter herauszulösen. Diese Mindestenergie wird als Arbeitsfunktion bezeichnet. Jedes Metall hat eine andere Arbeitsfunktion, was bedeutet, dass jedes Metall eine andere Schwellenfrequenz hat. Der Effekt bleibt jedoch qualitativ derselbe. Sobald die Elektronen aus der Platte herausgezogen sind, geht der Rest der Lichtenergie in die Bewegungsenergie der Elektronen über. Die beobachtete kinetische Energie der Elektronen ist also die Differenz zwischen der Energie der einfallenden Lichtphotonen und der Arbeit, die nötig ist, um die Elektronen aus dem Metall herauszulösen. Das ist keine theoretische Spekulation, sondern eine rein experimentelle Tatsache: Wenn man für jede Lichtfrequenz, mit der man die Metallplatte bestrahlt, die kinetische Energie der Elektronen für diese Frequenz misst, kann man sie in ein Diagramm eintragen und erhält eine streng lineare Abhängigkeit zwischen der einfallenden Energie des Lichts und der kinetischen Energie der austretenden Elektronen, wie sie in Abb. 20 dargestellt ist. Die Grenzwellenlänge (oder Grenzfrequenz) hängt von der Art des verwendeten Metalls ab. Jedes Metall und jede Art von Stoff, die man verwendet, hat eine andere -das heißt, die Geradenfunktion wird nur parallel nach oben oder unten verschoben, ändert aber nicht ihre Form oder Steilheit. Die Geraden der Steigung sind immer identisch. Die Steigung der linearen Funktion der kinetischen Energie ist eine universelle Konstante, nämlich die Plancksche Konstante. Auf diese Weise konnte die Planck-Konstante genau gemessen werden. Außerdem ändert eine Erhöhung der Intensität, die die Anzahl der einfallenden Photonen erhöht, nichts an dem Ergebnis. Eine Erhöhung der Lichtintensität, d. h. des Photonenflusses, verändert das obige Diagramm nicht. Sie verändert lediglich die Anzahl der beobachteten Fotoelektronen (falls sie über dem Schwellenwert liegen), nicht aber ihre kinetische Energie. Eine höhere Lichtintensität führt nicht zu energiereicheren herausgeschleuderten Elektronen, sondern bestimmt nur ihre Anzahl. Das ist etwas ungewöhnlich für ein klassisches Verständnis, bei dem wir uns Licht als Welle vorstellen. Warum entzieht das Licht dem Metall nur oberhalb einer Schwellenfrequenz (z. B. im Spektralbereich von ultraviolettem Licht oder Röntgenstrahlen) Elektronen, aber nicht unterhalb davon? Warum können wir die Metalloberfläche nicht mit einem Licht höherer Intensität mit den gleichen 40 Wellenlängen beschießen (stell dir viele Wellen mit großen Amplituden vor), um das gleiche Ergebnis zu erzielen? Wie sollten wir dieses Ergebnis interpretieren?

Die allgemein akzeptierte Erklärung nach Einstein ist, dass wir uns das Licht, wie wir bei der Schwarzkörperstrahlung gesehen haben, als aus einzelnen Teilchen bestehend vorstellen müssen - also aus Photonen, die eine bestimmte Menge an Energie und Impuls tragen und die von den Elektronen einzeln absorbiert werden. Dies geschieht jedoch nur, wenn das einzelne Photon genügend Energie hat, um das Elektron aus seinem Kristallgitter im Metall herauszulösen. Das Elektron wird nicht zwei oder mehr Photonen absorbieren, um die Energiebarriere des Gitters, in dem es gefangen ist, zu überwinden. Es muss auf das Photon warten, das die nötige Energie hat, um es aus dem Metallgitter zu lösen. Und weil es immer nur ein Photon auf einmal absorbiert, werden alle Elektronen, die aus der Platte austreten, nie mit einer höheren Energie als der des einzelnen absorbierten Photons auftauchen, auch wenn eine größere Anzahl von Photonen (höhere Lichtintensität) eine größere Anzahl von Elektronen herausziehen kann. Einstein veröffentlichte seine Theorie des photoelektrischen Effekts zusammen mit seiner historischen Abhandlung über die SR. Für diese Erklärung des photoelektrischen Effekts und seine »korpuskulare« (kleine Teilchen) Interpretation des Lichts erhielt Einstein seinen Nobelpreis – nicht für die Relativitätstheorie, wie manchmal fälschlicherweise angenommen wird.

5.1 Die Gesetze, die die Wahrscheinlichkeitsrechnung der Quantenwelt bestimmen

Es ist ein einfaches Experiment, das du selbst durchführen kannst: Nimm ein Stück Papier, stich mit einer Nadel ein kleines rundes Loch hinein und schau auf eine Lichtquelle. Du wirst sehen, dass das Bild der Lichtquelle von mehreren konzentrischen Farbsäumen umgeben ist (die Farben erscheinen nur, weil die Welt, in der wir leben, glücklicherweise nicht monochromatisch ist). Durch die Beugung, die immer dann auftritt, wenn eine Welle auf ein Objekt oder einen Spalt trifft, vor allem wenn ihre Größe der Wellenlänge entspricht, wird die ebene Wellenfront in eine kugelförmige oder verzerrte Wellenfront umgewandelt, die sich dann zum Detektorschirm bewegt.

In diesem Fall kannst du sehen, dass, obwohl wir es nur mit einem Spalt zu tun haben, einige schwache, aber immer noch deutlich sichtbare sekundäre Minima und Maxima beobachtet werden können. Es stimmt, dass es einfacher ist, ausgeprägtere Interferenzmuster mit mehr als einem Spalt (oder einer Lochblende) zu erzeugen. Für die meisten Anwendungen, insbesondere wenn die Wellenlänge der einfallenden Welle viel kleiner ist als die Größe der Blende, können diese Effekte vernachlässigt werden – transversale ebene Welle, die auf einen einzigen Spalt mit Blende trifft. Strenggenommen führt aber auch ein einzelner Spalt zu kleinen Beugungs- und Interferenzphänomenen.

Eine elegante Erklärung, wie Interferenz entsteht, auch für einen einzelnen Spalt, geht auf den französischen Physiker A. J. Fresnel zurück. Er entlehnte eine Idee von Huygens (daher der Name »Huygens-Fresnel-Prinzip«), nach der jeder einzelne Punkt auf einer Wellenfront selbst als Punktquelle einer Kugelwelle betrachtet werden sollte. Entlang der Spaltöffnung emittieren sie gleichzeitig ihre sphärischen Wellenfronten, die sich jedoch von einer Position auf dem Bildschirm aus gesehen zu einem Interferenzmuster addieren. Der Grund dafür ist gar nicht so schwer zu erkennen. Da alle Wellenfronten an unterschiedlichen Orten und in unterschiedlichen Öffnungen entstehen, legen sie auch eine zusätzliche Weglänge zurück, was zu verschiedenen Phasenverschiebungen führt, wenn sie sich auf dem Bildschirm überschneiden. Zum Beispiel, wenn wir die beiden Wege der beiden Quellen von den Rändern aus gesehen haben. Wie im Fall des Doppelspalts haben diese beiden Strahlen eine relative Phasenverschiebung um einen bestimmten Betrag und wenn sie sich auf dem Bildschirm überlagern, bilden sie nach den Interferenzgesetzen eine resultierende Intensität. Dies gilt jedoch nicht nur für zwei Wellen, sondern für eine unendliche Anzahl von Punktquellen neben der Blende. Fresnel konnte durch entsprechende Berechnungen zeigen, dass man die bekannten Beugungs- und Interferenzmuster erhält, wenn man alle kugelförmigen Wellenfronten, die von den Punkten der Öffnung des Einzelspalts ausgehen, aufsummiert und diese auf alle Tatsachen zusammen mit dem Detektorschirm projiziert.

6 Das Franck-Hertz-Experiment

In der Physik war das Franck-Hertz-Experiment das erste Experiment, in dem James Franck und Gustav Hertz 1914 die Existenz verschiedener Formen von Energieatomen bestätigten. Franck und Hertz bewegen niederenergetische Elektronen in einer Elektronenröhre durch das Gas. Mit zunehmender Elektronenleistung wurden einige kritische Elektronenkräfte entdeckt. Der Elektronenstrom hat sich von einem ununterbrochenen Gasfluss zu einem vollständigen Stopp verändert. Erst wenn ein bestimmter kritischer Punkt erreicht ist, können elektrische Atome die Energie der Elektronen nutzen. Solange der Elektronenbeschuss weniger als diese Menge an Energie hat, ist keine Veränderung möglich und der Elektronenstrom hat keine Leuchtkraft. Wenn sie eine bestimmte Energiemenge haben, verlieren sie beim Zusammenstoß mit elektrischen Atomen alles und speichern Energie auf einem höheren Energieniveau. Der Versuchsaufbau besteht aus Hg-Gasatomen (Hg ist das Symbol für das Element Quecksilber) in einem Niederdruckkolben. Eine elektrische Kathode - also so etwas wie der erhitzte Glühfaden einer Glühbirne - gibt Elektronen ab. Daher sendet dieser Teil des Geräts nicht nur Licht, sondern auch negativ geladene Teilchen aus. Zwischen der Elektronen emittierenden Kathode und einem positiv gepolten Gitter wird mit einer Batterie oder einer anderen Stromquelle ein elektrisches Feld angelegt, das ein elektrisches Potenzial aufbaut. Gustav Ludwig Hertz James Franck (1887-1975). (1882-1964). Aufgrund ihrer negativen Ladung führt dieser Unterschied im elektrischen Potentialfeld zu einer Beschleunigung der Elektronen und überträgt eine gewisse kinetische Energie (wie du dich vielleicht noch aus der Schule erinnerst, stoßen sich Ladungen mit gleicher Polarität ab, während sich Ladungen mit entgegengesetzter Polarität anziehen). Wenn die Elektronen das Gitter erreichen, werden die meisten von ihnen hindurchfliegen, weil die Maschen des Gitters breit genug sind, um das zu ermöglichen. Dieser erste

Teil funktioniert wie ein kleiner Elektronenbeschleuniger. Dann wird zwischen dem Gitter und einer Sammelplatte auf der rechten Seite ein weiteres Feld angelegt. In diesem zweiten Teil ihrer Reise werden die Elektronen jedoch einem umgekehrt polarisierten elektrischen Feld ausgesetzt. Nachdem sie das Gitter passiert haben, werden sie abgestoßen, weil sie die negativ geladene Sammelplatte zu spüren beginnen. Mit der Messung des elektrischen Stroms (der Anzahl der Elektronen) kann der Fluss der Elektronen gemessen werden, die zwischen dem Gitter und der Sammelplatte fließen. Während die Anfangsenergie der Elektronen proportional zur angelegten elektrischen Feldstärke (der Spannung) zwischen der emittierenden Kathode und dem Gitter ist, werden sie in diesem zweiten Teil durch die entgegengesetzte Polarität abgebremst. Deshalb kann man mit der Strommessung die Anzahl der Elektronen bestimmen, die es bis zur Sammelplatte schaffen, was Aufschluss darüber gibt, wie ihre Energie von den Atomen beeinflusst wird, während sie in diesem zweiten Teil der Glühbirne durch das Gas fliegen. Dies geschieht, indem man das Feld schrittweise für verschiedene Spannungen verändert. Die Erkenntnis von Franck und Hertz war, dass mehrere Elektronen früher oder später auf ein oder mehrere Atome treffen müssen, während sie durch das Gas aus Atomen fliegen und entweder elastisch oder unelastisch gestreut werden. Elastische Streuung bedeutet, dass Objekte, die auf ein Ziel treffen, ihren Kurs ändern, aber die gleiche kinetische Energie beibehalten. Im Gegensatz dazu bedeutet »unelastische Streuung«, dass sie beim Aufprall einen Teil oder ihre gesamte Bewegungsenergie verlieren (mehr dazu in Anhang A-III). Daraus folgt, dass es einen messbaren Unterschied geben muss zwischen der Energie der injizierten Elektronen, die das Gitter erreichen und der Energie derjenigen, die durch das Gas geflogen sind und auf die Sammelplatte treffen. Dieser Unterschied wird dem Beobachter durch die Messung des Stroms zwischen dem Gitter und der Sammelplatte deutlich gemacht. Diese Energielücke sagt uns etwas über die von den

Atomen im Gas absorbierte Energie. Wenn Atome Energie nur in Form von Quanten absorbieren, bedeutet das, dass wir, während wir die kinetische Energie der injizierten Elektronen langsam erhöhen, beobachten sollten, wann und in welchem Maße das Gas aus Hg-Atomen die Energie der Elektronen absorbiert. Während die kinetische Energie der injizierten Elektronen durch Anlegen einer elektrischen Spannung von 0 bis etwa 15 V zwischen der Kathode und dem Gitter (horizontale Achse) stetig erhöht wird, steigt der an der Sammelplatte (vertikale Achse) gemessene Strom der Elektronen entsprechend an, allerdings nicht auf lineare Weise. Wir stellen fest, dass die Elektronen keine kinetische Endenergie haben, die proportional zur Eingangsenergie der Elektronen ansteigt, wie man es bei einer elastischen Streuung zwischen klassischen Objekten erwarten würde (man denke z. B. an Billardkugeln). Stattdessen sehen wir, dass das Verhältnis zwischen Eingangs- und Ausgangsenergie zunächst (zwischen 0 und 4 V) annähernd linear ist, was bedeutet, dass die Elektronen elastisch durch das Gas gestreut werden; sie verlieren keine nennenswerte kinetische Energie. Bei etwa 4,5 V tritt die erste Beule auf. Zwischen 4 und 5 V nimmt die Ausgangsenergie der Elektronen stetig ab, obwohl ihre Anfangsenergie steigt. Dies ist ein Zeichen für eine inelastische Streuung: Ein Teil der Anfangsenergie der Elektronen muss plötzlich bei Zusammenstößen mit den Hg-Atomen absorbiert worden sein. Dies geschieht jedoch nicht vor einer bestimmten Schwelle der kinetischen Energie der Elektronen, die auf die Hg-Atome treffen. Bei etwa 5,8 V geht fast die gesamte kinetische Energie verloren und fließt in die interne Anregung der Atome. Es verbleibt jedoch eine minimale Energielücke, die in der Abbildung mit dem vertikalen Pfeil dargestellt ist. Die Differenz zwischen der ersten Spitze und dem ersten Minimum ist die maximale Menge an kinetischer Energie, die die Atome von den Elektronen aufnehmen können. Sie liefert also das erste angeregte Energieniveau des Hg-Atoms. Dann, nach etwa 6-9 V, beginnt die Energie wieder anzusteigen, was bedeutet, dass die Teilchen nur noch die oben erwähnte diskrete Energiemenge der Elektronen aufnehmen, aber nicht mehr. Die restliche Energie geht ebenfalls in die elastische Streuung. All dies wiederholt sich regelmäßig bei etwa 9-10 V und bei etwa 14 V. Die Existenz dieser Buckel bei verschiedenen Eingangsenergien (bis heute geht es in der experimentellen Teilchenphysik nur um die Suche nach Buckeln, die in Diagrammen auftauchen) bedeutet, dass Atome mehrere verschiedene, aber diskrete Energieniveaus haben müssen. Franck-Hertz war der erste direkte experimentelle Beweis, der Plancks Idee bestätigte, dass Materie Energie in diskreten Quanten absorbiert. Außerdem wurden damit die diskreten Spektrallinien der Lichtspektren bestätigt, ebenso wie Bohrs Idee, die Atome in Form eines Modells darzustellen, das einem winzigen Sonnensystem ähnelt - also mit Elektronen, die sich nur auf bestimmten Bahnen mit ihren jeweiligen Quantenzahlen bewegen, die verschiedene, aber diskrete Energieniveaus darstellen.

7 Atommodell von Bohr

Die Quantenhypothese wurde 1913 von Neil Bohr in den Bereich der Atome eingeführt und trug maßgeblich dazu bei. Seit Mitte des 19. Jahrhunderts wurde ein einfaches Spektrum aus Atomen von Elektrizität ausgiebig untersucht. Niederdruck-Atome von Atomen enthalten eine Reihe von verschiedenen Wellenlängen.

Dies steht im krassen Gegensatz zur Intensität der Strahlung, die sich über eine große Entfernung ausbreitet.

Die Wellenlängen der verschiedenen Atome werden als Linienspektrum bezeichnet, da die Strahlen (Licht) aus geraden Linien bestehen. Die Breite der Linien ist ein Merkmal der Objekte und kann sehr verschlungene Muster erzeugen. Bei den Atomen Wasserstoff und Alkali (z. B. Lithium, Natrium und Kalium) sind die Spektren am einfachsten zu erkennen. Im Fall von Helium bestimmt die analytische Formel die Wellenlängen.

Bei m und n haben die Zahlen, die gemeinhin als Rydberg bekannt sind, einen Wert von $1{,}097373157 \times 107$ pro Meter. Bei einem bestimmten Betrag von m sind die Differenzlinien n in Serie. Die Linien der Lyman-Serie liegen im Spektrum, die der Balmer-Serie im sichtbaren Bereich und die der Paschen-Serie im Infrarot.

Bohr ging von einem Modell aus, das der britische Wissenschaftler Ernest Rutherford, der in Neuseeland geboren wurde, vorgeschlagen hatte. Die Idee basierte auf den Experimenten von Ernest Marsden und Hans Geiger, die 1909 eine Atombombe aus Gold zur Detonation brachten und auf einem Versuch von Hans Geiger, der 1909 eine Bombe zur Explosion brachte. Rutherford kam zu dem Schluss, dass das Atom ein massiv geladenes Rückgrat hat. Rutherfords Sichtweise entpuppt sich als ein kleines Sonnensystem mit einem Herz, das wie die Sonne als rotierendes, planetenähnliches Elektron wirkt.

Bohr hat drei Ansichten vertreten. Erstens argumentierte er, dass das Elektron im Gegensatz zur traditionellen Physik, in der es eine unendliche Anzahl möglicher Bahnen gibt, eine der Bahnen der sogenannten vertikalen Regionen sein könnte.

Zweitens schlug er vor, dass nur solche Kreisläufe zulässig sind, deren Gesamtzahl das Mehrfache der Winkelkraft des Elektrons beträgt.

Drittens glaubte Bohr, dass das Newtonsche Bewegungsgesetz, das die Bewegung der Planeten um die Sonne regelt, auch für die Elektronen gilt, die den Atomkern umkreisen. Die Elektronenenergie (die Anziehungskraft ähnlich der Sonne und der Erde) ist eine elektrostatische Anziehung zwischen einem gut geladenen Elektron und einem schlecht geladenen Elektron. Mit diesen Grundstrukturen hat er gezeigt, dass die Kraft der Umlaufbahn entstanden ist.

Bei Eo handelt es sich um eine Restkonzentration der bekannten Elemente in I und im stabilen Zustand gibt das Atom keine Energie als Licht ab; wenn das Elektron jedoch vom Energiezustand En in die Energieform Em bei niedriger Leistung übergeht, wird die Energiemenge um eine bestimmte Zahl von der Frequenz abgezogen.

Wir führen den Ausdruck En ein und verwenden die Beziehung, wobei c die oberflächlichste Geschwindigkeit ist; Niels Bohr erhielt eine Formel mit dem genauen Wert von Rydberg immer die Länge der Linien im Wasserstoffspektrum.

8 Die Bestätigung der Quantentheorie des Lichts: Compton-Effekt

Wie bei allem in der Quantenmechanik werden auch hier Gleichungen aufgestellt, um die verschiedenen molekularen Ebenen zu erklären. Wissenschaftler halten immer nach einem besseren Weg Ausschau, um zu erklären, wie sich die Elektronen, ausgedrückt durch Licht oder andere Materie, bewegen und welche Energie durch diese Bewegung freigesetzt und gewonnen wird. Eine solche Gleichung wurde durch den Compton-Effekt, auch bekannt als Compton-Streuung, aufgestellt. Man fand heraus, dass sie von einem hochenergetischen Photon ausgeht, das bei einer Kollision auf ein einzelnes Ziel trifft. Dadurch werden lose gebundene Elektronen aus der äußeren Schale eines Moleküls oder eines bestimmten Atoms freigesetzt.

Infolge der Kollision verschiebt sich die Wellenlänge der Streustrahlung, was nicht in die klassische Wellentheorie passt. Die klassische Wellentheorie hat durch die Experimente und Hypothesen, die sich damit befassen, wie sich Elektronen und Materie in Form von Teilchen und Wellen bewegen können, sozusagen eine Tracht Prügel bezogen. Das ist ein weiterer Schlag für die klassische Wellentheorie. Wie wir bei all diesen Experimenten gesehen haben, gehen die meisten von der Prämisse von Einsteins Photonentheorie aus und scheinen diese Theorie zu unterstützen.

Arthur Holly Compton erhielt 1927 den Nobelpreis, aber der nach ihm benannte Effekt wurde bereits 1923 nachgewiesen. Wie funktioniert dieser als Compton-Effekt bekannte Prozess? Vereinfacht gesagt, trifft das hochenergetische Gamma- oder Röntgenphoton auf ein bestimmtes Ziel, dessen äußere Schale lose gebundene Elektronen enthält. Dieses Photon, das sogenannte einfallende Photon, hat die Energie E und den linearen Impuls p. Im Rahmen des Compton-Effekts gibt das Photon einen Teil seiner Energie in Form von kinetischer Energie an ein anderes, fast freies Elektron ab, was bei einer Teilchenkollision zu erwarten ist.

Wissenschaftlerinnen und Wissenschaftler haben erkannt, dass Energie und linearer Impuls erhalten bleiben müssen. Wenn man diese Beziehungen analysiert, ergeben sich drei Gleichungen. Diese Gleichungen beinhalten die Energie, eine x- und eine y-Komponente des Impulses. Außerdem gibt es vier Variablen, die im Folgenden aufgeführt sind:

- Phi – der Streuungswinkel des Elektrons Theta
- ist der Streuwinkel des Photons Ee
- die Endenergie des Elektrons E'
- die Endenergie des Photons

Angenommen, wir konzentrieren uns nur auf die Richtung und die Energie des Photons; dann können wir die Elektronen immer behandeln. Dadurch können wir das Gleichungssystem für den Effekt lösen. Compton kombinierte mehrere Gleichungen und nutzte ein paar Tricks aus der Algebra, um einige Variablen zu eliminieren. So konnte er die beiden Gleichungen aufstellen, die miteinander in Verbindung stehen, weil sowohl die Energie als auch die Wellenlänge in Photonen beschrieben werden.

Die Compton-Wellenlänge des Elektrons hat einen Wert von $2,426 \times 10^{-12}$ m. Dieser Wert kann als Proportionalitätskonstante für eine Wellenlängenverschiebung verwendet werden. Warum unterstützt dieser besondere Effekt Protonen?

Diese Analyse und Herleitung basiert zum Teil auf einer Teilchenperspektive. Die Ergebnisse lassen sich leicht auf ihre Dauer überprüfen. Bei der Betrachtung der Gleichung lässt sich die Verschiebung leicht in den Winkeln quantifizieren, aus denen das Photon gestreut wird. Einfach ausgedrückt: Alles, was auf der rechten Seite der Gleichung steht, wird als Konstante verwendet. Da Experimente dies immer wieder gezeigt haben, wird die Photoneninterpretation des Lichts unterstützt.

Um die Quantenphysik zu verstehen, ist es wichtig, einige dieser Theorien und die dahinterstehenden Experimente zu kennen. Aber die Natur macht immer wieder einen Strich durch die Rechnung. So ist es kein Wunder, dass es Effekte gibt, die sich mit diesen Theorien nicht erklären lassen. Wie definieren Wissenschaftlerinnen und Wissenschaftler die Ungewissheit, die mit der Untersuchung der kleinsten Dinge auf der Erde einhergeht, die als Quantenmechanik bekannt ist? Eine Möglichkeit ist der Eckpfeiler der Quantenphysik, auch bekannt als die Heisenbergsche Unschärferelation.

9 Das Welle-Teilchen-Dualismus-Dilemma

Trotz des typischen Wellenverhaltens, das bei dem Experiment beobachtet wurde, hat Licht auch Eigenschaften von Teilchen. Erstens wird es, wie wir bereits wissen, in Quanten unterteilt, die Photonen genannt werden. Zweitens kann es Schatten und Muster hinterlassen, die von Löchern an der Wand herrühren. Wenn während des Experiments nur ein Spalt offengelassen wird, bildet sich außerdem ein ordentliches Band gegenüber dem Spalt, das aus dem Teilchenfluss resultiert. Wie verstehen wir diese duale Natur des Lichts und wie können wir sie beschreiben? Warum verhält sich Licht in einem Fall wie Wellen und im anderen Fall wie Teilchen?

Zunächst versuchten die Wissenschaftler mithilfe der Wasseranalogie zu erklären, woher die Wellen kommen: Licht ist eine Ansammlung von Teilchen, genau wie ein Gewässer eine Ansammlung von Wassermolekülen ist und eine Menge von Teilchen, wie eine große Anzahl von Wassermolekülen in Gewässern, kann Wellen bilden. Daher muss jedes Quantum, jedes Photon (eine einzelne Einheit des Lichts), ein Teilchen sein. In einer neuen Version des Doppelspaltexperiments war das leicht zu testen, aber dieses Experiment bestätigte die Erwartungen nicht! Wenn die Photonen einzeln (z. B. eines pro Minute) auf den Spalt geschossen wurden, erschien jedes einzelne auf der zweiten Wand, und zwar nicht vor einem der beiden Spalte, sondern zufällig an einer der verstreuten Stellen, an denen in der Standardversion des Experiments Interferenzstreifen erschienen waren! Die Wand behielt eine visuelle Spur des Lichtteilchens (es handelte sich nicht nur um eine Wand, sondern um einen einzigartigen Bildschirm, der alle Lichtspuren enthielt) und mit der Zeit, mit jedem weiteren Photon, wurde ein Interferenzmuster immer deutlicher. Warum erscheinen die einzelnen Photonen nicht auf dem Bildschirm direkt vor den Schlitzen? Warum bilden sich keine zwei Streifen auf dem Bildschirm?

Dieses Verhalten jedes einzelnen Photons war völlig unerwartet und unverständlich. Die einzelnen Photonen konnten mit keinem anderen Teilchen in Wechselwirkung treten, weil die Photonen einzeln mit einem Abstand dazwischen abgefeuert wurden, der viel größer war als der Abstand, den Lichtquanten normalerweise zurücklegen. Die endgültige Position jedes Photons auf dem Bildschirm war jedoch das Ergebnis einer Interferenz. Gleichzeitig hinterließ jedes einzelne Photon auf dem Bildschirm eine Punktspur, genau wie man es von einem Teilchen erwarten würde.

Diese Ergebnisse können nicht mit der uns bekannten Realität erklärt werden. Es scheint offensichtlich, dass sich diese Photonen etwas zwischen dem Zustand von Teilchen oder Wellen bewegen können. So etwas war bisher noch niemandem begegnet. Die Fakten der Quantenrealität, die wir besprechen werden, sind nicht weniger seltsam, aber es sind reale Fakten der mikrokosmischen Welt, da sie alle das Ergebnis von Beobachtungen und kontrollierten Experimenten sind. Ist es so ungewöhnlich, dass dieser Bereich schwer zu verstehen ist, da er aus einer Reihe völlig neuer Phänomene aus der mikrokosmischen Ebene der Realität besteht, die sich mit den bei uns üblichen Vorstellungen nicht erklären lassen und ihnen sogar widersprechen? Unsere Vorstellungen von dem, was allgemein möglich ist, erwiesen sich als nicht endgültig, da wir uns bis dahin nur mit unserer Makrowelt mit ihren einfacheren Gesetzen und Zusammenhängen zwischen den Fakten beschäftigt hatten. Die neuen Fakten aus der Mikrowelt, die keine Entsprechung in der Makrowelt haben, erscheinen seltsam und oft sogar unglaublich. In der Sprache der Wissenschaft ist damit der Unterschied zwischen der Quantenphysik und der regulären klassischen (Newtonschen) Physik gemeint, die jeder von uns bis zu einem gewissen Grad aus der Schule und der Alltagserfahrung kennt.

Die Tatsache, dass einzelne Photonen sowohl Eigenschaften von Teilchen als auch von Wellen aufweisen, beweist, dass unsere strikte Einteilung der Realität in Teilchen und Wellen nicht ganz korrekt ist. Die Dinge sind nicht so einfach, wie wir dachten. Es stellt sich heraus, dass Teilchen und Wellen Begriffe sind, die sich auf dasselbe Phänomen beziehen können (unter anderem Strahlungswellen und Strahlungsphotonen). Der Begriff Photon wird nicht nur für sichtbares Licht verwendet). Aber was ist mit der festen Materie, die aus Teilchen besteht?

Feste Materie besteht aus Atomen. Ein Atom besteht aus Teilchen: Elektronen, Protonen und Neutronen (die beiden letzteren bestehen aus noch kleineren Teilchen, nämlich Quarks). Weitere Experimente zeigten, dass Elektronen, Neutronen und sogar ganze Atome und Moleküle Welleneigenschaften haben! Alles, was die scheinbar feste Materie ausmacht, verhält sich ebenfalls wie Wellen! Jedes Teilchen der Materie kann seine Position verwischen. Diese duale Natur der gesamten Realität wird als Welle-Teilchen-Dualismus bezeichnet. Alles ist aus Teilchen und Wellen gemacht.

Aber warum verhält sich alles manchmal wie Teilchen und manchmal wie Wellen? Das ist für die Menschen auch heute noch schwer vorstellbar.

10 Das Doppelspaltexperiment

Stell dir eine »Elektronenkanone« vor, die Elektronen auf eine Wand mit zwei Löchern (oder Schlitzen) schießt, die sich in gleichem Abstand (D) von der Wand und in gleichem Abstand von der Mitte der Wand befinden. Die Elektronenkanone ist auf einem Revolver montiert, der sich hin und her bewegt, ähnlich wie ein Ventilator. Durch diese Bewegung ist klar, dass wir die Elektronen nicht auf die Löcher richten, sondern dass sie ganz zufällig abgefeuert werden. Die Höhlen selbst sind gleich groß und gerade groß genug, um ein Elektron durchzulassen.

Die Elektronen werden am hinteren Rand aufgehalten, wo der Detektor ihre Positionen aufzeichnet und Informationen an den Computer sendet. Bild A ist die Verteilung, die wir erhalten, wenn wir Sensoren neben jedem Loch platzieren, um ein vorbeifliegendes Elektron zu beobachten. Hier ist kein Interferenzmuster zu sehen und wir erhalten die Ergebnisse, die wir für ein Elektron erwartet haben, das sich als reines Teilchen verhält, das nur durch das eine oder andere Loch läuft. Bild B hingegen ist die Verteilung, die wir erhalten, wenn keine Detektoren vorhanden sind. Hier sehen wir ein Interferenzmuster, wenn die Elektronen durch die Löcher gehen. Wenn die Elektronen auf die Löcher zufliegen, werden einige von ihnen durchgelassen, andere nicht. Die durchlaufenden Elektronen setzen ihren Weg fort, bis sie auf eine andere Wand treffen, die sich viel weiter unten befindet und als Rückhaltevorrichtung dient. Die endgültige Position jedes Elektrons wird von einem Detektor an dieser Rückwand aufgezeichnet, der diese Informationen an einen anderen Computer sendet.

Da wir immer mehr Elektronen abschießen (wir benötigen exzellente Messungen), gehen immer mehr Elektronen durch und treffen auf den hinteren Teiler. Aus der Entwicklung der vielen Elektronenpositionen kann der PC ein Beispiel oder eine Verteilung erstellen. Wenn unsere Messungen ausreichend sind, können wir aus dieser Verteilung die

Wahrscheinlichkeit ableiten, dass ein Elektron an einer bestimmten Stelle des hinteren Teilers zu finden ist, wenn es willkürlich an den beiden Öffnungen endet. Alles in allem, wie sieht die Verteilung aus?

Bevor wir das herausfinden, nehmen wir uns einen Moment Zeit, um die Ergebnisse zu erahnen. Wenn sich ein Elektron ausschließlich als Teilchen verhält, würden wir vernünftigerweise erwarten, dass es durch das eine oder das andere Loch geht. Außerdem wird ein Elektron, das durch ein Loch hindurchgeht, entweder an der Seite oder am Rand anstoßen oder unbeschadet hindurchgehen. Wenn es geradeaus durchgeht, finden wir es direkt hinter dem Loch – sozusagen in der Mitte – wenn es auf die Rückwand trifft, während es, wenn es gestoßen wird, etwas weiter entfernt auf einer der beiden Seiten der Mitte aufschlägt. Daher gehen wir davon aus, dass die Verteilung für ein bestimmtes Loch so ist, dass die meisten Treffer direkt in der Mitte erfolgen.

Weiter weg von dort nimmt die Anzahl der Treffer stetig ab. Und schließlich wird die Verteilung auf beiden Seiten des Zentrums gleich aussehen. Mit anderen Worten: Sie ist symmetrisch.

Ok, wir haben ein ziemlich klares Bild davon, was wir sehen werden. Aber wir experimentieren und stellen fest, dass die Verteilung auf dem Computerbildschirm nicht so aussieht, wie wir es uns vorgestellt haben. Stattdessen finden wir eine Verteilung, bei der das Maximum zwischen den beiden Löchern liegt – es liegt nicht einmal in der Mitte der beiden Löcher! Die Verteilung ist auf beiden Seiten dieses Maximums immer noch symmetrisch (das ist das Mindeste), aber wir sehen nicht die stetige Abnahme der Anzahl der Treffer, die wir uns vorgestellt hatten, wenn wir uns davon entfernen. Stattdessen finden wir auf beiden Seiten Spitzenwerte, bei denen die Anzahl der Treffer hoch ist und von diesen Spitzenwerten fällt die Zahl stetig bis auf null ab, wo kein einziges Elektron auftaucht. Was ist passiert?

Nun, in unserer Voraussicht haben wir angenommen, dass sich ein Elektron wie ein Teilchen verhält, aber wir hätten es eigentlich besser wissen müssen, denn alle Quantenteilchen weisen einen Welle-Teilchen-Dualismus auf. Kurz gesagt, die Verteilung, die sich aus der Ansammlung der vielen Elektronenpositionen ergibt, zeigt ein Interferenzmuster. Vorhin haben wir kurz darüber gesprochen, wie Interferenzen zwischen Wellen entstehen können. Es muss also Wellen geben, die mit unseren Elektronen verbunden sind und die dieses Interferenzmuster verursachen. Welche Wellen sind das? Erinnere dich daran, dass die Quantenwahrscheinlichkeit die Position eines jeden Elektrons an der Rückwand bestimmt, wie wir bereits erwähnt haben. Die Quantenwahrscheinlichkeit wiederum wird durch (das absolute Quadrat der) Wellenfunktion bestimmt; es sieht so aus, als hätten wir die Welle gefunden, die die Interferenz verursacht.

Versuchen wir, dies im Detail zu erkennen. Anstatt viele Elektronen auf einmal auf die Löcher zu schießen, schießen wir nur ein Elektron nach dem anderen. Zunächst stellen wir fest, dass kurz nach dem Abschuss eines Elektrons dieses an der Rückwand ankommt und seine Position erkannt wird. So weit, so gut. Wenn wir jedoch weiterhin einzelne Elektronen auf die Löcher schießen, bemerken wir etwas ganz Eigenartiges. Schließlich erhalten wir dasselbe Interferenzmuster, das wir vor dem Abschuss vieler Elektronen gesehen haben. Mit anderen Worten: Es spielt keine Rolle, ob wir mehrere Elektronen auf einmal oder eines nach dem anderen abfeuern; es entsteht das gleiche Interferenzmuster! Das bedeutet, dass ein einzelnes Elektron auf die beiden Löcher trifft und mit sich selbst interferiert.

Das erscheint uns so seltsam, dass wir beschließen, ein letztes Experiment durchzuführen, um den Dingen auf den Grund zu gehen. Neben jedem Loch platzieren wir einen Detektor, der ein vorbeiziehendes Elektron aufzeichnet. Das wird uns Aufschluss über die seltsamen Ergebnisse geben, die wir erhalten. Wieder schießen wir ein Elektron nach dem anderen auf die Löcher, immer und immer wieder, bis wir die Verteilung auf dem Computerbildschirm sehen können. Diesmal stellen wir fest, dass das Interferenzmuster völlig verschwunden ist. Stattdessen sehen wir die Verteilung der Elektronenpositionen, die wir ursprünglich erwartet hatten! Mit anderen Worten: Wenn wir nicht auf die Löcher schauen (mit unseren Detektoren), verursacht ein einzelnes Elektron eine Interferenz. Wenn wir jedoch hinschauen, stellen wir fest, dass das Elektron entweder durch das eine oder durch das andere Loch geht. Das Interferenzmuster verschwindet vollständig.

Diese Experimente veranschaulichen das Wesentliche der Quantenmechanik. Wir sehen, dass sich ein Elektron wie ein Teilchen verhält, wenn es auf die Rückwand trifft und vom Detektor als lokalisiertes Gebilde erkannt wird. Doch an beliebiger Stelle dazwischen kommt es aufgrund seiner Wellennatur und seiner Wechselwirkung mit beiden Löchern zur gleichen Zeit zu Interferenzen. Dieser Wellencharakter ist eng mit der Quantenwahrscheinlichkeit verbunden, das Elektron an einer bestimmten Stelle der Rückwand zu finden, was zu der Verteilung der Treffer führt, die wir sehen. Angenommen, wir versuchen, genau zu bestimmen, wo ein Elektron auf der Rückwand landet, indem wir versuchen zu sehen, durch welches der Löcher es hindurchgeht. In diesem Fall fällt die ganze Sache auseinander und die Interferenz verschwindet ganz und gar.

Obwohl wir uns für das Experiment mit Elektronen entschieden haben, zeigen alle Quantenteilchen diese Art von seltsamem Verhalten. Wenn dir das alles eher wie Science-Fiction als wie Wissenschaft vorkommt, bist du nicht allein. Die physikalischen Konsequenzen der Quantenmechanik sind, einfach ausgedrückt, im Vergleich zu unserer Alltagserfahrung schlichtweg seltsam.

11 De Broglie Hypothese

Dies war eines der meistbeachteten Logik-Treffen aller Zeiten. Von den 29 Nachwuchswissenschaftlern erhielten oder erhalten 17 den Nobelpreis. Das Treffen ist für zwei Titanen der Materialwissenschaft von Bedeutung: Niels Bohr und Albert Einstein.

1927 war das Jahr und die Forscherinnen und Forscher waren verblüfft. Das Vorhandensein von so etwas Erstaunlichem ist in Gefahr. Sind Elektronen, Lichter und ähnliche Gegenstände, Wellen oder Teilchen? In bestimmten Tests verhalten sich die kleinen Körper wie Wellen, in anderen wie Teilchen. In unserer massiven Welt ist das nicht der Fall.

Auf der Tagung zur Quantenmechanik im Jahr 1927 ging es um eine Mischung von Begriffen, die sich scheinbar widersprachen. Schrödinger und de Broglie stellten ihre Sichtweisen vor. Wie dem auch sei, 800 Gorillas waren Bohr. Sie wurde die Kopenhagener Deutung genannt. Bohr schlug vor, dass Wellenschätzungen als Materialien, z. B. Elektronen, charakterisiert wurden; als Teilchen existierten die Assoziationen jedoch erst, wenn jemand sie brauchte. Die Demonstration der Aneignung wurde zum Beginn des Lebens. Um es mit Bohrs eigenen Worten zu sagen, hatten die einbezogenen Personen kein offensichtliches Leben in der typischen Umgebung. Nichts davon wäre Einstein gewesen.

Einstein hätte das nicht gehabt. Das Elektron war ein Elektron und weil niemand einen Blick auf es warf, war es immer noch da – egal wo es war. Gegen Ende des Treffens überprüfte Einstein Bohrs Ansicht. Doch das war erst der Anfang.

Als Einstein dreißig Jahre alt war, waren Bohr und Einstein in einen warmen Umgang miteinander verwickelt – Auge in Auge und mit Druck.

Die Diskussionen waren von einer höflichen Art. Bohr und Einstein waren alte Kumpel und schätzten einander. Trotzdem blieben sie hartnäckig.

Er sagte: »Es ist nicht vernünftig zu glauben, dass die materielle Wissenschaft herausfinden muss, wie die Natur aussieht«, sagte Bohr. Einstein widersprach dieser Idee. »Der Hauptgrund, warum wir uns der Wissenschaft offenbaren, ist zu entdecken, was sie ist.«

Trotz ihrer Unberechenbarkeit bleibt Bohrs Bedeutung von Kopenhagen eine der weltweit am meisten anerkannten Ideen der Quantenmaterialwissenschaft. Zahlreiche Standarddefinitionen erscheinen den meisten Außenstehenden. Auf jeden Fall unterstreichen sie alle eine einfache Wahrheit. Unser Universum ist ein Geheimnis, wie dir alle Forscher/innen bestätigen werden. Es verhöhnt uns mit unergründlichen Realitäten und gibt uns einen Sinn. Möglicherweise werden wir eines Tages zu ihm gehen. Doch vorher sollten wir uns mit den großen Geheimnissen um uns herum auseinandersetzen.

Außerdem ist die Planck-Zeit die grundlegende Zeiteinheit in der Anordnung der Planck-Einheiten. Bezeichnend:

$$t_p = 5{,}39 \times 10-44 \; s$$

In SI-Einheiten werden Zeitabschätzungen schnell vorgenommen (in der Regel werden s-Bilder angegeben). Abgesehen davon, dass die Verwendung von Sekunden den Vorteil hat, im Alltag präsent zu sein, z. B. bei der Schätzung der Zeit, die ein Teilnehmer braucht, um 100 Meter zu laufen oder bei der Länge eines Telefons, ist sie wenig aussagekräftig, wenn wir z. B. über geordnete Ereignisse im frühen Universum sprechen. die in den 10-35s nach dem Urknall stattfanden).

Die Verwendung von Sekunden zur Quantifizierung der Zeit hat zur Folge, dass massive Veränderungen einen Stellenwert einnehmen, der bei der Erinnerung an Umstände oft nicht passt:

- Lichtgeschwindigkeit c = 299792458 m (s) (s)
- Schwerkraft G = 6,673 (10) x 10−11 m³ kg (- 1) s (- 2)
- Brettstärke (vermindert)
- Boltzmannstärke k = 1,3806502 (24) x 10-23 kg m² s-2K-1

Die Plancksche Zeit wird aufgelöst, um die Größe einer Mischung dieser kritischen Komponenten zu nutzen. Indem man die Basiseinheiten Länge, Größe und Zeit mit den Planck-Einheiten vergleicht, sind die wichtigsten Punkte von Interesse.

Gegenwärtig ist die Planck-Zeit die Zeit, die ein Photon benötigt, um eine der Planck-Länge entsprechende Wirkung zu haben:

1.62 × 10−35 m

Dies ist die kürzeste denkbare Zeitgrenze. Mit ihrer Gesamtlänge von Planck charakterisiert die Planck-Zeit die Skala, auf der sich das aktuelle Gedankengebäude tummelt. Auf dieser Ebene sind die absoluten Zeitwerte genauso groß wie die relativen Assoziationen. In diesem Sinne werden auf solchen Skalen bisher vage Spekulationen, die die typische Zusammenarbeit mit Quantenmaschinen festigen, als Spiegel der Gesetze der Materialwissenschaft angesehen.

Dementsprechend beginnt unsere gegenwärtige Vorstellung von der Hauptverbesserung des Universums bei tp = 5,39 × 10−44 Sekunden nach dem Urknall.

12 Heisenbergs Unschärferelation

»Jeder, der von der Quantentheorie nicht überrascht ist, hat sie nicht verstanden«, sagte Neils Bohr, der einen entscheidenden Beitrag zur Theorie der Quantenmechanik geleistet hat.

Das ist das Schöne an der Verschränkungstheorie: Je mehr Jahre vergehen und je mehr Wissenschaftlerinnen und Wissenschaftler sie in die Finger bekommen, desto mehr müssen sie neue Wege finden, um ihre Unzulänglichkeiten zu erklären – die Unschärferelation ist der prominenteste.

Die Unschärferelation, auch Heisenbergsche Unschärferelation oder Unbestimmtheitsprinzip genannt, besagt, dass es in der Quantenwelt keine exakte Messung der Position oder Geschwindigkeit eines Objekts gibt. Das Konzept der Exaktheit hat in diesem Bereich keinen Platz, nicht einmal in der Theorie.

Die Unschärferelation betrachtet nur winzige Objekte als unmessbar, weil sie für die Quantenwelt gilt. Ebendarum gelten gewöhnliche Objekte nicht für die Unschärferelation. Es gibt einen Beweis dafür: Jeder Mensch kann ein Auto genau messen, weil er es wiegen kann. Es ist ein gewöhnliches Objekt und daher groß genug, um genau bestimmt zu werden. Sogar eine Kategorie von winzigen Objekten lässt sich genauer messen, als es die Unschärferelation zulässt. Das sind Objekte, deren Geschwindigkeit und Position gleich oder größer sind als die Plancksche Konstante, $6{,}6 \times 10^{-34}$ Joule-Sekunde. Für kleine Objekte unterhalb der Planckschen Konstante gilt die Unschärferelation.

Die Unschärferelation ist aus dem klassischen Welle-Teilchen-Dualismus hervorgegangen. Jedes Teilchen hat eine begleitende Welle. Je wellenförmiger diese ist, desto unsicherer ist ihre Messung. Je genauer die Position des begleitenden Teilchens ist, desto unbestimmter ist sein Impuls.

Heisenberg leistete 1927 auch einen weiteren wichtigen Beitrag zur Quantenmechanik. Er vertrat die Ansicht, dass sich Materie wie Wellen verhält und einige Eigenschaften, wie z.

B. die Position und die Geschwindigkeit des Elektrons, komplementär sind, was bedeutet, dass es eine Grenze (bezogen auf die Planck-Konstante) dafür gibt, wie gut die Genauigkeit einer Eigenschaft verstanden werden kann. Im Rahmen der sogenannten »Heisenbergschen Unschärferelation« wurde argumentiert, dass die Geschwindigkeit eines Elektrons umso ungenauer bestimmt werden kann, je genauer seine Position bestimmt wird und umgekehrt. Diese Unschärfetheorie trifft oft auf Alltagsgegenstände zu, ist aber nicht offensichtlich, da die Ungenauigkeit zu hoch ist.

Werner Heisenberg (1901-1976) war der Prinz der Theoretiker, so desinteressiert an der Laborpraxis, dass er riskierte, bei seiner Doktorarbeit an der Universität München durchzufallen, weil er nicht wusste, wie Batterien funktionieren. Zum Glück für ihn und die gesamte Physik wurde auch er befördert. Es gab noch andere, nicht einfache Momente in seinem Leben. Während des Ersten Weltkriegs, als sein Vater als Soldat an der Front war, war die Lebensmittel- und Brennstoffknappheit in der Stadt so groß, dass die Schulen und Universitäten oft den Unterricht aussetzen mussten. Und im Sommer 1918 war der junge Werner, geschwächt und unterernährt, gezwungen, zusammen mit anderen Studenten den Bauern auf einem bayerischen Hof bei der Ernte zu helfen.

Mit dem Ende des Krieges, in den ersten Jahren der Zwanzigerjahre, finden wir ihn in den Schuhen des jungen Wunderkindes: Pianist von hohem Niveau, in die klassischen Sprachen gegossen, geschickter Skifahrer und Alpinist, sowie Mathematiker von Rang, der an die Physik verliehen wurde. Während des Unterrichts bei seinem alten Lehrer Arnold Sommerfeld lernte er einen anderen vielversprechenden jungen Mann kennen, Wolfgang Pauli, der später sein engster Mitarbeiter und sein schärfster Kritiker werden sollte. 1922 nahm Sommerfeld den 21-jährigen Heisenberg mit nach Göttingen. Der Leuchtturm der europäischen Wissenschaft besuchte eine Vorlesungsreihe über die entstehende Quanten-Atomphysik, die von Niels Bohr selbst gehalten wurde. Der junge Forscher ließ sich nicht einschüchtern und wagte es, einigen Aussagen des Gurus zu widersprechen und sein theoretisches Modell an der Wurzel zu packen. Doch nach dieser ersten Konfrontation zwischen den beiden begann eine lange und fruchtbare Zusammenarbeit, die von gegenseitiger Bewunderung geprägt war.

Von diesem Moment an widmete sich Heisenberg mit Leib und Seele den Rätseln der Quantenmechanik. Im Jahr 1924 verbrachte er einige Zeit in Kopenhagen, um direkt mit Bohr an Problemen der Strahlungsemission und -absorption zu arbeiten. Dort lernte er die »philosophische Haltung« (in Paulis Worten) des großen dänischen Physikers zu schätzen. Frustriert von den Schwierigkeiten, das Bohrsche Atommodell mit seinen Bahnen zu konkretisieren, war der junge Mann davon überzeugt, dass etwas an der Wurzel falsch sein musste. Je mehr er darüber nachdachte, desto mehr schien es ihm, dass diese einfachen, fast kreisförmigen Bahnen ein Überschuss waren, ein rein intellektuelles Konstrukt. Um sie loszuwerden, begann er zu glauben, dass die Idee der Rotation selbst ein Newtonscher Rest war, den es zu beseitigen galt.

Der junge Werner setzte sich eine strenge Doktrin auf: Kein Modell durfte auf der klassischen Physik basieren (also keine Miniatursonnensysteme, auch wenn sie noch so niedlich zu zeichnen sind). Der Weg zur Rettung war nicht Intuition oder Ästhetik, sondern mathematische Strenge. Eine weitere seiner konzeptionellen Ziffern war der Verzicht auf alle Entitäten (wie Umlaufbahnen), die nicht direkt gemessen werden konnten.

Messbar waren in den Atomen die Spektrallinien, die Zeugen der Emission oder Absorption von Photonen durch die Teilchen, die aus dem Sprung zwischen den Elektronenniveaus resultieren. Heisenberg richtete seine Aufmerksamkeit also auf diese sichtbaren und nachprüfbaren Linien, die der unzugänglichen subatomaren Welt entsprechen. Um dieses teuflisch komplizierte Problem zu lösen und sich vom

Heuschnupfen zu erholen, zog er sich 1925 nach Helgoland, einer abgelegenen Nordseeinsel, zurück.

Sein Ausgangspunkt war das von Bohr formulierte sogenannte »Korrespondenzprinzip«, nach dem sich Quantengesetze ohne Probleme in die entsprechenden klassischen Regeln umwandeln lassen müssen, wenn sie auf ausreichend große Systeme angewendet werden. Aber wie groß? Genug, um die Planck-Konstante h in den relativen Gleichungen vernachlässigen zu können. Ein typisches Objekt der atomaren Welt hat eine Masse von 10–27 kg; nehmen wir an, dass ein Staubkorn, das mit bloßem Auge kaum sichtbar ist, 10-7 kg wiegen kann: sehr wenig, aber es ist immer noch um den Faktor 100000000000000, also 1020, eine Eins gefolgt von zwanzig Nullen, größer. Der atmosphärische Staub fällt also eindeutig in den Bereich der klassischen Physik: Er ist ein makroskopisches Objekt. Seine Bewegung wird nicht durch Faktoren beeinflusst, die von der Planckschen Konstante abhängen. Die grundlegenden Quantengesetze gelten natürlich auch für die Phänomene der atomaren und subatomaren Welt. Gleichzeitig verliert es seinen Sinn, sie zur Beschreibung von Phänomenen zu verwenden, die mit Aggregaten zusammenhängen, die größer als Atome sind, wenn die Dimensionen wachsen und die Quantenphysik den klassischen Gesetzen von Newton und Maxwell weicht. Die Grundlage dieses Prinzips ist (wie wir noch mehrmals wiederholen werden), dass die seltsamen und unveröffentlichten Quanteneffekte direkt mit den klassischen Konzepten der Physik korrespondieren, sobald du das atomare Feld verlässt und in das makroskopische eintrittst.

Angetrieben von Bohrs Ideen definierte Heisenberg die banalsten Begriffe der klassischen Physik in einem Quantenfeld neu, wie die Position und die Geschwindigkeit eines Elektrons. Sie entsprachen den Newtonschen Entsprechungen. Aber er merkte bald, dass seine Versöhnungsbemühungen zwischen zwei Welten zur Geburt einer neuen und bizarren »Algebra der Physik« führten.

In der Schule haben wir alle die sogenannte Kommutativ-Eigenschaft der Multiplikation gelernt. Die Tatsache, dass sich bei zwei beliebigen Zahlen a und b ihr Produkt nicht ändert, wenn wir sie untereinander austauschen; in Symbolen: a×b=b×a. Es ist insbesondere offensichtlich, dass $3 \times 4 = 4 \times 3 = 12$ ist. Zu Heisenbergs Zeiten gab es jedoch abstrakte Zahlensysteme, in denen die kommutative Eigenschaft nicht immer gilt. Es wird nicht gesagt, dass $a \times b$ gleich $b \times a$ ist. Um es sich gut zu überlegen, gibt es auch in der Natur Beispiele für nicht kommutative Operationen. Ein klassischer Fall sind Drehungen und Kippungen (versuch mal, zwei verschiedene Drehungen an einem Gegenstand wie einem Buch durchzuführen und du wirst Beispiele finden, bei denen die Reihenfolge, in der sie stattfinden, entscheidend ist).

13 Einführung in die Quantenüberlagerung: Schrödingers Katze

In den 1930er-Jahren kamen viele Fragen über die Bedeutung der Quantenmechanik auf und sogar darüber, ob sie überhaupt eine Bedeutung für die alltägliche, makroskopische Welt hat, die wir alle erleben. Anders als ein Ball im Sport gehört die Quantenwelt zu den winzigen Teilchen, die keiner von uns direkt sehen kann, also hat sie vielleicht keinen Einfluss auf unser Leben. Albert Einstein, der zu seiner Zeit vielleicht der führende Verfechter des Konkreten und Physikalischen war, setzte sich mit Quantenwahrscheinlichkeiten auseinander. In Bezug auf einen idealen Münzwurf, der durch eine einzige Gleichung ausgedrückt wird, wies er darauf hin, dass niemand jemals eine Münze sehen wird, die zu 50 % Kopf und zu 50 % Zahl ist, und zwar gleichzeitig. Wenn wir die Augen geschlossen halten, während die Münze fällt, wissen wir, dass es entweder Kopf oder Zahl sein muss, auch wenn wir das Ergebnis nicht sehen können und nicht eine bizarre Mischung aus beidem. Dass eine Münze niemals alle Zustände gleichzeitig einnehmen kann, war einer der Gründe, warum er zu dem Schluss kam, dass die Quantenmechanik in gewisser Weise unvollständig ist oder wie er sagte, unvollständig. Weil er diese Position vertrat, wurde Einstein von vielen in der Quantenphysik verunglimpft und als überholt angesehen, weil er sich nicht an die neuen Theorien anpassen konnte. Später haben wir erfahren, dass Einstein zumindest teilweise recht hatte, aber auch diejenigen, die an ihm gezweifelt haben, wie wir gleich sehen werden. Einsteins Hauptargument ist ein wichtiges: Wie kann man den Gleichungen trauen, wenn sie nicht unsere tatsächliche Welt abbilden? Auch im Jahr 2022 ist das immer noch ein zentrales Rätsel der Quantenmechanik, für das es verschiedene Erklärungsansätze gibt, darunter auch den dieses Autors.

Im Rahmen dieser Debatte stellte Erwin Schrödinger 1935 ein Gedankenexperiment vor, das heute als Schrödingers Katze bekannt ist. Ein Gedankenexperiment wird nicht tatsächlich durchgeführt, sondern durch die gedankliche Anwendung einer Reihe idealer wissenschaftlicher Regeln und Situationen erwogen. Viele Gedankenexperimente erforschen die Grenzen der neuen Wissenschaft, ohne dass sie jemals durchgeführt werden sollen oder ohne, dass eine geeignete Technologie erfunden wird. Das Gedankenexperiment Schrödingers Katze vergrößert ein Quantenereignis auf eine makroskopische Ebene, die wir auch im wirklichen Leben vorfinden könnten. Auf diese Weise macht es die Untersuchung des nicht intuitiven Zustands, der als Quantenüberlagerung bekannt ist, zugänglicher. Im Allgemeinen bezieht sich der Begriff »makroskopisch« auf die Eigenschaften eines Objekts, die ohne spezielle Hilfsmittel beobachtet werden können. Die großräumigen Eigenschaften eines Fußballs sind für den Menschen sichtbar und damit makroskopisch. Gleichzeitig sind die Eigenschaften von Atomen zu klein, um sie direkt zu beobachten, also sind sie nicht makroskopisch. Für die Quantenmechanik ist makroskopisch jedoch nicht so sehr eine Frage der Größe, sondern eher eine Frage der Beobachtbarkeit. Eine Katze ist genauso makroskopisch wie ein Fußball. Dennoch ist sie genauso wenig beobachtbar, wie das kleinste subatomare Teilchen, wenn es in einer Kiste versteckt ist. Das war einer der Bereiche der Quantenmechanik, die Erwin Schrödinger mit seinem bekannten Experiment erforschen wollte. In der Quantenmechanik beziehen sich die Begriffe »Beobachtung« und »Messung« nicht nur auf Menschen, die ein Objekt sehen, sondern auf jedes Objekt, das mit einem anderen interagiert und es in einer Weise beeinflusst. Das Schrödingers-Katzen-Experiment ist eines, an dem ein Leser leicht gedanklich teilnehmen kann. Wie Erwin Schrödinger es beschrieben hat, stell dir vor, du setzt eine aktive, lebende Katze in eine Kiste. In der gleichen Kiste befindet sich ein Mechanismus, der eine winzige Menge einer bestimmten radioaktiven Substanz enthält, sodass sich bei einem radioaktiven Zerfall eine Gasdose öffnet, die die Katze tötet; eine solche Verschmutzung ist ein unvorhersehbares Ereignis, das mit einer Wahrscheinlichkeit von 50 % innerhalb von 10 Minuten eintritt. Eine humanere Version wäre es, wenn die Katze sich schlafen legt. Schließe die Box fest. Da es sich um ein Gedankenexperiment handelt, ignorieren wir andere Aspekte wie die Sauerstoffzufuhr in der Box, die Katzenrasse, Geräusche, die von der Box ausgehen usw. Da sie nichts mit dem zentralen Punkt des Experiments zu tun haben, können sie bei Bedarf kompensiert werden. Nachdem eine Minute verstrichen ist, während die Katze in unserer Box saß, schläft sie oder ist sie wach? Wir wissen nicht, ob das Gas durch den radioaktiven Zerfall ausgelöst wurde, aber da das Gas im Durchschnitt erst nach 10 Minuten freigesetzt wird, ist es wahrscheinlicher, dass die Katze nach nur einer Minute noch wach ist. Was ist, wenn wir die 10 Minuten erreicht haben? Zu diesem Zeitpunkt besteht eine 50%ige Chance, dass das Gas ausgelöst wurde. Wie ist nun der Zustand der Katze? Das können wir zwar immer noch nicht mit Sicherheit sagen, aber wir können stattdessen Wahrscheinlichkeiten angeben. Ähnlich wie bei einem Münzwurf gibt es eine 50%ige Chance, dass die Katze schläft und eine 50%ige Chance, dass sie wach ist. Jede Kombination verschiedener möglicher Zustände nennt die Quantenmechanik eine Überlagerung von Zuständen, auch bekannt als Kohärenz. Beachte, dass es in den meisten realen Situationen mehr als nur zwei mögliche Zustände gibt. Einstein wies darauf hin, dass sich die Katze in einem dieser beiden Zustände befinden muss und nicht in einer Mischung aus beiden. Das ist gut, aber wann genau hört die Katze auf, eine Überlagerung zu sein und wechselt in einen der beiden tatsächlichen Zustände? Das Experiment unterstreicht die Bedeutung der Beobachtung: Die Katze in der Kiste weiß immer, dass sie entweder wach ist oder schläft, aber wir als Beobachter außerhalb der Kiste wissen das nicht, bis wir die Kiste öffnen und die Katze beobachten. In der Quantenmechanik spielt der Beobachter eine entscheidende Rolle. Einstein stellte die Bedeutung des Beobachters mit dem Argument des gesunden Menschenverstands infrage. Die Katze muss sich in einem der beiden Zustände befinden, auch wenn niemand in die Kiste hineinschaut, so wie wir darauf vertrauen, dass der Mond da ist, auch wenn wir ihn nicht sehen. In Ermangelung einer besseren Erklärung hat die Quantenphysik jahrzehntelang behauptet, dass der Akt der Beobachtung die Überlagerung in einen der beiden Zustände zerfallen lässt. Das funktioniert zwar mathematisch, hinterlässt aber das unangenehme Gefühl, dass da noch mehr dahintersteckt. In der Tat gibt es viel mehr.

14 Die Quantenfelder und warum es keinen leeren Raum gibt

Physikerinnen und Physiker haben herausgefunden, dass das Quantenfeld nicht nur allgegenwärtig, sondern auch allwissend ist und dass alle Informationen zu jeder Zeit in jedem Teil des Feldes vorhanden sind. Jedes einzelne Bit des Quantenfelds enthält jeden möglichen Wissenskern und dieses Wissen wird in jedem Moment sofort überall geteilt. Denke an alle Systeme in deinem Körper. Es sind viele und sie haben wichtige, einzigartige Funktionen. Die Medizin sagt uns, dass alle Systeme in Echtzeit Informationen austauschen. Sie wissen, was die anderen tun, verstehen, warum sie es tun und reagieren entsprechend. So funktioniert auch das Quantenfeld, nur dass es noch millionenfach effizienter und intelligenter ist.

Es ist so intelligent, dass das Quantenfeld zu jeder Zeit jedes Ding tun oder werden kann.

Wie einfach ist es für das allwissende Quantenfeld, ein Ding im Allgemeinen oder etwas Bestimmtes zu bilden? Es ist so einfach, wie es für dich ist, Luft zu holen. Denn du siehst, jedes physikalische Objekt im Universum ist lediglich eine einzigartige Kombination von meist vier wesentlichen Elementen: Kohlenstoff, Wasserstoff, Stickstoff und Sauerstoff. Diese vier Elemente müssen nur in einer bestimmten Sorte und in einer bestimmten Menge zu den anderen zusammengefügt werden, um praktisch alles zu erschaffen, was du dir vorstellen kannst.

Physiker nennen Dinge oder materielle Objekte Zeit-Raum-Ereignisse. Ein Zeit-Raum-Ereignis ist ein Teil des Quantenfeldes, der seinen Zustand des Potenzials verlassen hat und zu einer konkreten, physischen Manifestation geworden ist. Ein Ding ist ein Teil unserer Wahrnehmbarkeit, auch wenn es seine Beziehung zum Quantenfeld nicht verlässt. Ein Zeit-Raum-Ereignis ist nicht das Quantenfeld, dennoch ist es das, was das Quantenfeld tut.

Wenn sich das Quantenfeld zu einem physischen Objekt formt, nennen Physiker diesen Vorgang einen Kollaps der Quantenmöglichkeitswelle, denn subatomare Teilchen existieren nicht in einer vorherbestimmten Form, wie wir uns das vorstellen könnten. Da subatomare Teilchen nichts anderes als eine Möglichkeitswelle sind, bezeichnen wir den Vorgang, bei dem sie zu einem bestimmten Objekt werden, als Kollaps des Schlosses (eine »Welle« in der Fachsprache der Physik, nicht eine Meereswelle). Auf diese Weise stellen wir fest, dass unsere materielle Welt nicht so entstanden ist, wie die Logik, unsere Augäpfel und die konventionelle Weisheit es uns glauben machen wollen; wir wissen, dass die materielle Welt keine bereits existierende Einheit ist, die nur darauf wartet, von uns entdeckt zu werden. Die Vorstellung von einer vorherbestimmten materiellen Realität spiegelt die alten Paradigmen der Neandertaler wider. Wir stehen am unteren Ende der Schöpfungspyramide, einer materiellen Welt, in der wir keine schöpferische Rolle spielen und in der wir lediglich die distanzierten, unbeteiligten Beobachter von bereits existierenden materiellen Objekten sind.

Wie erfüllt ihr, du und alle anderen Menschen, eure Rolle? Wie kommunizierst du mit dem Quantenfeld oder gibst ihm Befehle, um die materielle Welt zu erschaffen, die wir alle mit unseren Augäpfeln erleben? Woher weiß dieser Ozean aus Energie, welche Dinge er in deinem einzigartigen, individuellen Universum manifestieren soll? Wenn es dir wie den meisten Menschen geht, bist du zweifellos frustriert über einige der Dinge, die du erschaffst. Und du würdest gerne mehr Einfluss auf diesen kreativen Prozess nehmen, damit die Dinge, die du manifestierst, von nun an erfreulicher sind. Um diese Fragen zu beantworten und deine Rolle als kontextueller Schöpfer der physischen Welt, die du erlebst, vollständig zu verstehen, musst du jetzt etwas über Kohärenz lernen. Kohärenz bedeutet, dass die Teilchen perfekt zusammenarbeiten; sie sind so vollständig synchronisiert, dass sie wie eine Einheit agieren, wie perfekt choreografierte und einstudierte Tänzerinnen und Tänzer in einer Chorgruppe.

Wenn subatomare Teilchen in perfektem Gleichklang zusammenarbeiten, entsteht ein kohärentes System. In einer kohärenten Strategie wird die Energie der ehemals ungleichen Teilchen zu einem einzigen, vereinten Ganzen.

Kohärente Teilchen sind keine Einzelwesen mehr. Sie sind mehr als synchron tanzende Refrains; Kohärenz bedeutet, dass die gepaarten Teilchen jetzt eins sind. Kohärenz bedeutet, dass die Teilchen alle Informationen innerhalb des Systems in Echtzeit und augenblicklich austauschen. Es gibt keine Verzögerung – kohärente Systeme sind im wahrsten Sinne des Wortes ein und derselbe Geist, sie sind vollständig und miteinander verbunden.

Kohärenz ist eines der mächtigsten Phänomene im Universum. Eine Glühbirne zum Beispiel würde die Kraft einer Atomexplosion ausstrahlen, wenn ihre Atome nicht kohärent wären. Glücklicherweise erzeugen Glühbirnen keine solche Kraft, weil ihre Teilchen alle zu unterschiedlichen Zeiten Lichtphotonen aussenden. Die Lichtphotonen der Teilchen einer Glühbirne sind verwirrt genug, um nur einen Raum zu beleuchten, aber nicht organisiert genug, um eine Stadt einzuebnen.

Kohärenz ist eine robuste Methode, die das Universum verwendet, um Zeit-Raum-Ereignisse zu schaffen. Zeit-Raum-Ereignisse oder Dinge werden aus dem Quantenfeld manifestiert, wenn die Energie des Quantenfeldes mit dem Leben von dir kohärent wird. Dein Bewusstsein gibt dir die einzigartige Macht, die Kohärenz mit dem Bereich herzustellen und die Quantenmöglichkeitswelle zu kollabieren. Dein Bewusstsein ermöglicht es dir, ein einzigartiges, individuelles, kohärentes System mit dem Quantenfeld zu schaffen und ihm so zu befehlen, deine materielle Welt zu bilden.

Auch wenn man sich bei Begriffen wie befehlen natürlich ein traditionelles Herr-Knecht-Verhältnis aus dem menschlichen Alltag vorstellt, läuft der eigentliche Prozess der Kohärenzbildung zwischen dir und dem Quantenfeld nicht so ab, wie wenn ein Herr einem Knecht befiehlt. Du sagst dem Quantenfeld nicht, was es bilden soll, indem du einen verbalen

Befehl gibst, wie ihn eine Person einer anderen geben würde. Die Art und Weise, wie die Kohärenz zwischen dir und dem Quantenfeld hergestellt wird, übersteigt die groben Grenzen verbaler Befehle.

Das ist eine gute Nachricht für uns alle: Aufgrund der Art und Weise, wie die Kohärenz hergestellt wird, wird nichts, was das Quantenfeld auf deine Befehle hin manifestiert, jemals ein Fehler sein. Das Quantenfeld, das sich für dich zeigt, wird immer perfekt mit deinen Befehlen übereinstimmen, weil sie nicht durch Fehlinterpretationen oder Missverständnisse, die durch konventionelle menschliche Kommunikation verursacht werden, behindert werden können. Genauso wenig werden deine Befehle aus deinen Launen und plötzlichen Ausbrüchen von Begierden entstehen, die durch intensive emotionale Reaktionen verursacht werden.

Dem Quantenfeld ist es meist egal, was du bewusst sagst oder was deine bewussten Wünsche sind. Obwohl sie mächtig sind, haben deine Worte weit weniger Einfluss auf die Manifestationen des Quantenfeldes, als du vielleicht denkst. Ihre Macht wird noch genauer erklärt werden, aber deine Kommentare sind sicher nicht das Mittel, durch das die Kohärenz zwischen dir und dem Quantenfeld hergestellt wird. Und während du vielleicht vermutest, dass deine Gedanken das Vehikel für die Kohärenz sind, wirst du überrascht sein, dass auch das falsch ist. Deine Gedanken sind in der Tat eine kraftvolle Energie, aber sie basieren auch auf Worten. Obwohl deine Gedanken dir helfen können, dich im Moment besser zu fühlen und deine Stimmung zu heben, spielen sie nicht die Hauptrolle bei der Herstellung von Kohärenz mit dem Quantenfeld.

Es ist verlockend, sich zu wünschen, dass deine Befehle mit solch konventionellen Mitteln des menschlichen Ausdrucks übermittelt werden könnten (so wie Aladin dem Dschinni in der Lampe befohlen hat). Aber ich bin mir sicher, dass du die Art und Weise, wie sie gegeben werden, zu schätzen lernst. Schließlich ist es nicht schwer zu erkennen, welches Chaos ein solches Protokoll anrichten könnte. Die Maxime »Sei vorsichtig, was du dir wünschst, denn du könntest es bekommen« bewahrheitet sich oft. Die Art und Weise, wie du die Kohärenz mit dem Quantenfeld herstellst, ist perfekt darauf ausgelegt, dich zu zwingen, als »Du« zu wachsen, damit du in deine Wünsche hineinwachsen und sie manifestieren kannst, denn, ob du es glaubst oder nicht, der Weg zur Erfüllung deiner Wünsche ist die eigentliche Belohnung - sogar noch mehr als die Erfüllung deiner Wünsche.

Anstelle von Worten und Gedanken nutzt du Energie, um zu kommunizieren und eine Kohärenz mit dem Quantenfeld herzustellen. Kohärenz ist ein Phänomen, bei dem es um die Kommunikation und die perfekte Synchronisation von Informationen auf einer Energieebene geht. Deshalb spielen Worte und Gedanken bei der Kohärenz, die du mit dem Quantenfeld herstellst, nur eine begrenzte Rolle. Das Bewusstsein und nicht herkömmliche Formen der menschlichen Kommunikation wie verbale Befehle manipulieren die Energie in unserem Universum. Das ist genau der Grund, warum positives Denken und positive Affirmationen nicht funktionieren, wenn es darum geht, deine größten und wichtigsten Wünsche zu verwirklichen. Wenn sie als Mittel eingesetzt werden, um absichtlich eine materielle Welt darzustellen, die mit deinen grundlegenden Wünschen übereinstimmt, werden sie fast immer missbraucht.

Das eigentliche Mittel, mit dem du die Kohärenz mit dem Quantenfeld herstellst, mag simpel erscheinen und etwas sein, das du bereits gut im Griff hast. Die Art und Weise, wie du deine Befehle an das Quantenfeld weitergibst, ist durch deine Erwartungen. Aber halte dich mit Urteilen über die Verwendung deiner Erwartungen zurück. Ich bitte dich darum, weil du zweifelsohne nicht genau weißt, was deine Erwartungen wirklich sind.

Deine Erwartungen sind deine genaueste Form der Energiekommunikation. Sie sind zum Glück praktisch unbeeinflusst von den unmittelbaren Launen, die durch starke emotionale Reaktionen entstehen. Weil du deine Erwartungen nutzt, um eine Kohärenz mit dem Quantenfeld herzustellen, kannst du es niemals täuschen oder belügen. Du wirst bald erfahren, warum die Rolle deiner Erwartungen bei der Entwicklung von Kohärenz bedeutet, dass die Entwicklung zur besten Version von dir der einzige Weg ist, um dein einzigartiges, individuelles Universum am stärksten zu beeinflussen - und warum die Reise, die du jetzt beginnst, notwendig ist.

15 Die Wellenfunktion

N ach Ansicht von Physikexperten kann Licht entweder ein Teilchen oder eine Welle sein. Hier ist, wie wir entschieden haben, dass Licht entweder ein Teilchen oder eine Welle ist.

Licht als Welle

Licht kann als elektromagnetische Welle bezeichnet werden, da ein sich änderndes elektrisches Feld ein sich änderndes magnetisches Feld erzeugt. Das sich ändernde Magnetfeld wiederum erzeugt ein sich änderndes elektrisches Feld und das ist es, was man einfach als Licht bezeichnet.

Im Gegensatz zu vielen anderen Wellen wie Wasser- oder Schallwellen benötigt Licht kein Medium, in dem es sich ausbreitet.

Licht als Teilchen

Einige Gelehrte sind überzeugt, dass Licht auch ein Teilchen ist. Licht kann als einzelne Dinge gesehen werden und das macht es zu Teilchen.

Zusammenfassend lässt sich sagen, dass die Frage, ob Licht ein Teilchen oder eine Welle ist, nicht eindeutig zu beantworten ist. Unter bestimmten Umständen kann sich Licht als Teilchen verhalten, während es sich unter anderen Umständen tatsächlich als Welle verhält.

In der Zwischenzeit kann die Annahme, dass Licht entweder ein Teilchen oder eine Welle ist, einige Dinge falsch machen. Hier sind einige Punkte, die zeigen, dass mit beiden Annahmen etwas nicht stimmt:

Schwerkraft

Das Modell der Gravitationskraft funktioniert, wenn es sich in der Nähe der Oberfläche des Planeten Erde befindet. Momentum: Dies ist ein weiterer Punkt, der zeigt, dass die Annahme, Licht sei entweder ein Teilchen oder eine Welle, falsch ist. Bei niedrigeren Geschwindigkeiten funktioniert das Modell des nichtrelativistischen und des besseren Impulses zusammen. Wenn das Proton jedoch rasant wird, funktionieren sowohl das bessere als auch das nicht relativistische Modell nicht mehr.

15.1 Was ist eine Wellenfunktion?

Als Wellenfunktion wird die Funktion bezeichnet, die die Wahrscheinlichkeit des Quantenzustands eines Teilchens als Funktion der Zeit, des Spins, des Impulses oder der Position angibt.

Die Variable kennt die Wellenfunktion im Allgemeinen.

Außerdem kann eine Wellenfunktion verwendet werden, um die Chance zu zeigen, ein Elektron innerhalb einer Materiewelle zu entdecken oder zu lokalisieren. Die Wellenfunktion, die eine imaginäre Zahl hat, wird immer quadriert, um eine korrekte Zahlenlösung für diese Aufgabe zu erhalten.

Zudem kann so die Wahrscheinlichkeit überprüft werden, dass ein Elektron an einer bestimmten Stelle verbleibt. Die Wellenfunktion wurde 1925 von einem bekannten Wissenschaftler namens Erwin Schrödinger entwickelt.

Und was noch? Die Wellenfunktion enthält wichtige Informationen über das Elektron und seine Verbindung zur Wellenfunktion und darüber, wie wir den Drehimpuls, die Ausrichtung der Umlaufbahn und die Energie des Elektrons erhalten.

Zudem kann die Wellenfunktion entweder negativ oder positiv sein. Das negative oder positive Vorzeichen ist beim Rechnen entscheidend. Es ist auch wichtig, wenn sich die Wellenfunktionen von zwei oder mehr Atomen zu einem Molekül verbinden.

Die Wellenfunktionen, die ähnliche Vorzeichen haben, werden sich konstruktiv überlagern, sodass die Chance auf eine Bindung besteht. Die Wellenfunktionen, die keine ähnlichen Vorzeichen haben, interferieren dagegen destruktiv.

Mithilfe der Schrödingergleichung konnten Wissenschaftler die Wellenfunktionen für Elektronen in Molekülen und Atomen bestimmen.

Ursprünglich dachten viele Wissenschaftler, die Wellenfunktion stelle dar, wo sich ein Photon (oder ein anderes Teilchen) zusammen mit seiner Welle ausbreitet. Sie dachten zum Beispiel, dass sich vielleicht 60 % der Energie eines Photons an einer Stelle befinden, dazu 30 % in der Nähe und 5 % etwas weiter weg usw. Experimente zur Streuung des Lichts zeigten jedoch, dass diese Vorstellung falsch war. Im Jahr 1926 vertrat der Physiker Max Born erstmals die heute weithin akzeptierte Auffassung, dass die Wellenfunktion eine Summe von Wahrscheinlichkeiten ist. Übrigens ist Max Born der Großvater der Entertainerin Olivia Newton-John; leider ist Isaac Newton offenbar nicht einer ihrer Vorfahren. Die Bezeichnung »Wellenfunktion« ist ein wenig irreführend: Nach Borns Erkenntnis hätte sie wahrscheinlich in Quantenwahrscheinlichkeitsfunktion oder ähnlich umbenannt werden sollen, da die Wahrscheinlichkeit das Herzstück der Quantenphysik ist. Der Name Wellenfunktion blieb jedoch erhalten.

Ein Beispiel für die Wahrscheinlichkeiten, die eine Wellenfunktion ausdrückt, ist der Wurf einer Münze. Die Münze kann Kopf, Zahl oder selten sogar auf dem Rand landen. Wir ignorieren die Möglichkeit, dass die Münze auf dem Rand oder einer anderen unwahrscheinlichen Position landet, um die Analogie zu vereinfachen. Ob Kopf oder Zahl fällt, ist vor dem Wurf ungewiss. Eine mathematische Darstellung des Münzwurfs muss alle Möglichkeiten und die Wahrscheinlichkeit jeder einzelnen einschließen. Für unsere ideale Münze können wir berechnen, dass sie bei 50 % der Würfe Kopf und bei 50 % der Würfe Zahl ist und dass die Wahrscheinlichkeit für alles andere 0 % beträgt, sodass ihre Wellenfunktionsgleichung etwa so aussehen würde:

Münze = 50 % Kopf + 50 % Zahl

Beachte, dass eine tatsächliche Wellenfunktion eine komplexere Mathematik erfordert als dieses idealisierte, einfache Beispiel und dass die Wahrscheinlichkeit durch die Anwendung der sogenannten Bornschen Regel abgeleitet wird, die ebenfalls von Max Born formuliert wurde. Im Moment musst du dir nur merken, dass eine Wellenfunktion fast alle möglichen Zustände eines Objekts zusammenfasst, für die es eine unscharfe Unbestimmtheit in Bezug auf Ort, Energie und andere Eigenschaften.

16 Quantentunneln ist der erste Schritt in Richtung Teleportation

Physikerinnen und Physiker kennen seit Langem ein ungewöhnliches Phänomen namens »Quantentunneln«, bei dem sich Objekte scheinbar über fast unüberwindbare Barrieren hinweg bewegen. Es liegt jedoch nicht daran, dass sie so winzig sind, dass sie Öffnungen finden. Ein Experiment im Jahr 2019 hat gezeigt, wie das wirklich passieren kann.

Die Quantenphysik behauptet, dass Teilchen auch Wellen sind, also solltest du dir diese Wellen als Wahrscheinlichkeitsschätzungen für die Position des Teilchens vorstellen. Auch sie sind Strahlen. Wenn du eine Welle im Ozean gegen einen Zaun schlägst, verliert sie ihre Kraft, sodass im Gegenzug eine kleinere Welle auftaucht. Die Forscher stellen fest, dass es in der Quantenwelt einen ähnlichen Einfluss gibt. Und solange auf der anderen Seite der Barriere noch ein wenig von der Wahrscheinlichkeitswelle übrig ist, hat das Teilchen eine Chance, durch die Lücke zu kommen und in einen Raum zu tunneln, in dem es eigentlich nicht funktionieren sollte.

Im Jahr 1962 erschien ein Artikel vor einem unbekannten Autor B. Josephson, der theoretisch die Existenz von zwei außergewöhnlichen Effekten vorhersagte: stetige und unstetige. Josephson untersuchte theoretisch das Tunneln von Cooper-Paaren von einem Supraleiter zu einem anderen durch eine beliebige Barriere. Bevor wir zum ersten Josephson-Effekt kommen, kurz zum Tunneln von Elektronen zwischen zwei Metallteilen, die durch eine dünne dielektrische Schicht getrennt sind.

Der Tunneleffekt ist in der Physik schon seit Langem bekannt. Der Tunneleffekt – das ist ein typisches Problem der Quantenmechanik. Ein Teilchen (z. B. ein Elektron im Metall) nähert sich der Barriere (z. B. einer dielektrischen Schicht), die sie nach klassischen Vorstellungen nicht überwinden kann, da ihre kinetische Energie nicht ausreicht. Im Bereich der Barriere könnte es mit seiner kinetischen Energie jedoch existieren. Im Gegenteil, nach der Quantenmechanik ist der Durchgang der Barriere möglich. Das Teilchen könnte die Chance haben, den Tunnel durch einen klassisch verbotenen Bereich zu passieren, in dem seine potenzielle Energie eher voll wäre, d. h. die klassische kinetische Energie, da sie negativ ist. Tatsächlich gilt in der Quantenmechanik für die Mikroteilchen (Elektron) die Unschärferelation – Koordinate des Teilchens, p – sein Impuls. Wenn eine kleine Unschärfe seiner Koordinaten in einem Dielektrikum (d – Dicke der dielektrischen Schicht) zu einer beträchtlichen Unschärfe seines Impulses Dp und folglich der kinetischen Energie p 2 / (2 m) (m – eine Masse der Teilchen) führt, wird der Energieerhaltungssatz nicht verletzt. Die Erfahrung zeigt, dass zwischen zwei Metallelektroden, die durch eine dünne Isolierschicht (Tunnelbarriere) getrennt sind, tatsächlich ein umso größerer elektrischer Strom fließen kann, je dünner die dielektrische Schicht ist.

Die Regeln der klassischen Mechanik können den Quantentunnel nicht vorhersehen. In dieser Situation kann eine Potenzialbarriere durch geeignete potenzielle Energie überwunden werden.

Das Tunneln ist notwendig, um physikalische Bedingungen wie die Kernfusion in der Sonne und anderen astronomischen Körpern zu bewältigen. Er kann auch bei Rastertunnelmikroskopen und Tunneldioden, einschließlich Quantencomputern, eingesetzt werden.

Dieses Phänomen ist darauf programmiert, die Größe der Transistoren in Mikroprozessoren zu begrenzen. Es ist wahrscheinlich und machbar, da Elektronen sie passieren können, wenn die Transistoren zu klein werden.

17 Die Lösung der Bohr-Einstein-Debatte

Wie du dir vorstellen kannst, änderten sich zu dieser Zeit die Dinge in der wissenschaftlichen Gemeinschaft rasant. Die Enthüllungen, dass die Welt der Quantenmechanik gar nicht so funktionierte, wie die großen Denker der klassischen Physik gedacht hatten. Es gab nicht nur viele Aufstände, sondern auch sehr viele neue Gedanken. Es war ein wahres Zeitalter der Entdeckungen und man könnte sagen, dass es das goldene Zeitalter der Quantenphysik war.

Dieser Zustrom neuer Gedanken und Entdeckungen führte jedoch auch zu vielen Meinungsverschiedenheiten zwischen Wissenschaftlern. Zum Beispiel war Niels Bohr, einer der größten Denker seiner Zeit, einer der lautstärksten Gegner von Einsteins Vorschlag des photoelektrischen Effekts – er weigerte sich noch zwanzig Jahre nach Einsteins Vorschlag, diesen als richtig anzuerkennen! Das war gut so, denn mehr Meinungsverschiedenheiten bedeuteten mehr Experimente und mehr Nachdenken, aber zeitweilig wurde viel darüber gerätselt, wessen Ideen die besten waren und wer nicht. Bohr und Einstein stritten sich so heftig über einige Konzepte, dass ihre Debatten in einem von Bohr selbst verfassten Artikel verewigt wurden. Einstein fiel es schwer, die Tatsache zu akzeptieren, dass die Quantenmechanik fast ausschließlich auf Wahrscheinlichkeiten beruht, ohne dass es dafür eine eindeutige Erklärung gibt. Einstein wollte wissen, warum sich die Quantenphysik so verhielt, wie sie es tat und weigerte sich zu akzeptieren, dass es einfach so war. Er wollte vorwiegend die Unschärferelation und die Komplementarität widerlegen. Als Bohr eine bestimmte Richtung vorschlug – die Kopenhagener Deutung, ein Konzept, das teilweise bis heute als eines der grundlegenden Konzepte der Quantenphysik gilt – war Einstein empört. Die Kopenhagener Deutung besagte, dass Elektronen aufgrund ihres Welle-Teilchen-Dualismus nur so lange Wellen sind, bis sie von einem Außenstehenden beobachtet werden und erst dann zu Teilchen werden. Das verstieß völlig gegen Einsteins Glauben an die objektive Realität – er glaubte, dass das Universum immer in einem stabilen Zustand existiert, unabhängig davon, ob wir es beobachten oder nicht. Der Akt der Messung eines Elektrons konnte auch sein verschränktes Elektron verändern, wodurch das Konzept der Quanten-Nichtlokalität eingeführt wurde, das Einsteins unerschütterlichem Glauben an die Lokalität zuwiderlief. Die Lokalität ist das Prinzip, dass Objekte nur auf andere Objekte in ihrer Umgebung einwirken und dass sie sich nicht schneller als mit Lichtgeschwindigkeit bewegen können.

Stell dir vor, wie fasziniert ein Kind von einem Guck-Guck-Spiel ist. Das liegt daran, dass kleine Kinder das menschliche Konzept der Objektpermanenz noch nicht gelernt haben – Kleinkinder und Babys glauben wirklich, dass sich ihr Gesicht bewegt, wenn ihre Eltern ihr Gesicht mit den Händen bedecken! Das war genau das, was Bohr sagte – die Kopenhagener Deutung schlug vor, dass das Quantenuniversum tatsächlich so funktioniert. Das hatte natürlich erhebliche Auswirkungen auf die wissenschaftliche Gemeinschaft und Einstein wollte beweisen, dass Bohr mit seiner Interpretation falsch lag.

Die Debatten begannen, als Bohr und sein Kollege Werner Heisenberg verkündeten, dass sie beide davon ausgingen, dass alles über die Funktionsweise der Quantenphysik bereits entdeckt sei. Einstein stellte dies jedoch infrage, indem er Bohr mehrere Gedankenszenarien vorlegte, die seine Ideen infrage stellen sollten, sodass Bohr sie lösen oder seine Entlarvungserklärung riskieren musste.

Es ging folgendermaßen: Wenn man eine weitere Wand mit nur einem Spalt vor den Doppelspaltzaun stellen würde, die erste Wand aber auf Rädern steht, die auf winzige Bewegungen reagieren, dann würde ein Photon, das von der ersten Wand abprallt, diese leicht bewegen und der Experimentator könnte daraus ableiten, durch welchen Spalt das Photon an der zweiten Wand gehen würde. Dieses Ergebnis würde gegen die Unschärferelation verstoßen. Bohr widerlegte dies, indem er Einstein daran erinnerte, dass er die Unschärferelation gar nicht entkräftet hatte, sondern die Unmöglichkeit, die Bewegung der ersten Wand zu messen, außer Acht gelassen hatte. Um den Betrag zu messen, um den sich ein Photon bewegt, müsste man auf Quantenebene präzise sein. Auf einer Quantenebene musst du auch Quantenregeln befolgen. Das bedeutet, dass Einstein den Ort und die Geschwindigkeit der Wand bestimmen müsste, bevor das Photon auf sie trifft. Das wäre das Ergebnis der Unschärferelation selbst, da man auf der Quantenebene nicht gleichzeitig die Geschwindigkeit und den Ort eines Objekts messen kann. Einstein hatte jedoch noch mehr Tests für Bohr. Er gab Bohr ein neues Experiment: Wenn er eine Kiste auf einer Waage hätte, in der sich ein Photon befände und die eine eingebaute Uhr enthielte, die die Tür gerade lange genug öffnete, damit das Photon entweichen könnte, könnte er das Gewicht des Photons messen. Wenn das möglich wäre, würde das bedeuten, dass Bohr mithilfe von Einsteins Theorie $E=mc^2$ auch die Energie des Photons bestimmen könnte. Das verstößt auch gegen die Unschärferelation, denn sie besagt, dass man nicht gleichzeitig die Stärke und die Zeit eines Teilchens bestimmen kann. Das schien Bohr aus dem Konzept zu bringen, aber er konnte Einsteins Szenario erneut widerlegen.

Bohr bewies, dass Einsteins Szenario falsch war, indem er sich auf Einsteins Relativitätstheorie berief. Zunächst zitierte Bohr das erste Newtonsche Gesetz. Dieses Gesetz besagt, dass es für jede Aktion eine gleichwertige und entgegengesetzte Reaktion gibt. Das heißt, wenn das Photon Einsteins Kiste verlässt, muss sich auch die Kiste selbst um den gleichen Betrag vom Photon entfernen. Bohr erklärte, dass nach Einsteins Relativitätstheorie die Schwerkraft die Zeit verzerrt, wenn sich ein Objekt durch den Raum bewegt. Daher ist es unmöglich zu sagen, ob die Zeit auf der Uhr richtig ist und als direkte Folge davon kann man auch nicht die Energie des Photons zu einem bestimmten Zeitpunkt bestimmen. Bohr: 2, Einstein: 0.

Lange Rede, kurzer Sinn: Einstein versuchte mehrmals, Bohrs Theorien zu widerlegen, aber jedes Mal gelang es Bohr, Einsteins Widerlegungen abzuschießen. Einstein und Bohr diskutierten für den Rest ihres Lebens weiter (sie waren befreundet) und Bohrs Ideen werden auch heute noch von den meisten Wissenschaftlern als wahr angesehen.

Bohr schlug jedoch ein letztes Konzept vor, das Einstein einfach nicht akzeptieren konnte – ein Konzept, das ihn mehr als alle anderen ärgerte. Und zwar so sehr, dass Einstein selbst es spöttisch »spukhafte Fernwirkung« nannte, statt des Namens, den Bohr ihm gab: Quantenverschränkung.

18 Die Kopenhagener Deutung

Die Quantenphysik, die wir bisher beschrieben haben, hat sich bei der Vorhersage aller üblichen und ungewöhnlichen Arten von Effekten bewährt, die auf subatomarer Ebene beobachtet werden. Die alten Gesetze der klassischen Physik, die für makroskopische Objekte gut funktionieren, können diese Beobachtungen nicht vorhersagen. Dennoch hat die klassische Physik von uns nie verlangt, unsere Intuition so sehr zu verändern wie die Quantenphysik. Nachdem wir die Vorstellung von bestimmten Teilchenpositionen, die Unterscheidung zwischen Wellen und Teilchen und den Determinismus verloren haben, können wir fragen: Was bedeuten die Aussagen der Quantenphysik? Wir werden versuchen, diese Frage zu beantworten. Das Ziel ist ein tieferes Verständnis dafür, wie das Universum funktioniert oder warum es so sein muss, wie es scheint. Da die Quantenphysik eine junge Wissenschaft ist, sollte es dich nicht überraschen, dass es immer noch viele Kontroversen darüber gibt, wie man sie richtig interpretiert.

Wir werden über einen der ersten Versuche einer kohärenten Interpretation sprechen, der unter Physikern und Physiklehrern die größte Akzeptanz gefunden hat.

18.1 Die Grundzüge

Diese Interpretation spiegelt hauptsächlich die Ansichten von Niels Bohr und Werner Heisenberg wider. Sie hat ihren Namen von der dänischen Hauptstadt, weil Heisenberg und Bohr dort um 1927 ihre Forschungen durchführten.

Hier sind einige der wichtigsten Merkmale:

1. Weder Materie noch elektromagnetische Strahlung können erklärt werden, ohne auf wellen- und teilchenartige Eigenschaften zu verweisen.

2. Aspekte von Wellen und Teilchen werden nie in gleichem Maße gesehen.

3. Die Heisenbergschen Unschärferelationen sind intrinsisch und können nicht verletzt werden.

4. Ein subatomares Gebilde (z. B. das Elektron) wird durch das mathematische Konstrukt einer Wellenfunktion erklärt.

5. Wellenfunktionen können nicht direkt beobachtet oder gemessen werden.

6. Das Quadrat einer Wellenfunktion gibt Auskunft über die Wahrscheinlichkeiten zukünftiger Messungen.

7. Wellenfunktionen verändern sich im Laufe der Zeit gleichmäßig und mit der Zeit nimmt eine Wellenfunktion die Eigenschaften von mehr als einem möglichen Quantenzustand gleichzeitig an.

8. Wenn du eine Messung durchführst, wechselt die Wellenfunktion sofort in einen bestimmten Zustand, der sich direkt aus der Größe ergibt.

9. Die Geräte, mit denen wir experimentelle Messungen durchführen, sind makroskopisch, also messen sie klassische Dinge wie Position und Geschwindigkeit.

10. Da wir vom Mikroskopischen ausgehen und die Systeme nach und nach immer bedeutender werden, muss sich die quantenmechanische Beschreibung der klassischen Definition annähern.

11. Es gibt nur ein Universum.

Die Kopenhagener Deutung ist eine freie Kombination aus all diesen Ideen. Einige von ihnen haben wir bereits gesehen. Einige von ihnen sind einfach zu erkennen und zu akzeptieren, aber andere sind problematisch für diejenigen, die ein tiefergehendes Verständnis suchen.

Eines der herausforderndsten Probleme ist die genaue Natur der Wellenfunktion. Wir können Wellenfunktionen mit mathematischen Formeln darstellen, aber was beschreiben wir?

Die Kopenhagener Standardinterpretation sagt uns nicht, ob die Wellenfunktion eine physikalische Realität ist oder nicht. Schließlich können Wellenfunktionen imaginäre Komponenten enthalten, die nicht einmal beobachtet werden können. Die Kopenhagener Deutung nimmt jedoch Stellung zum Quadrat der Wellenfunktion, das die Wahrscheinlichkeitsdichte darstellt, die mit der betreffenden subatomaren Einheit verbunden ist. Die Wellenfunktion ist zwar nur eine abstrakte Idee, aber sie liefert uns das Werkzeug, das wir benötigen, um statistische Vorhersagen darüber zu treffen, wie Messungen wahrscheinlich ausfallen werden. Die Kopenhagener Sichtweise besagt nicht, dass die Wellenfunktion ein Teilchen begleitet; sie haben keine getrennten Existenzen. Die Wellenfunktion ist alles, was es gibt.

Ein weiterer Aspekt dieser Interpretation ist die Tatsache, dass wir von Natur aus auf Wahrscheinlichkeiten beschränkt sind. In der Wissenschaft glauben wir an einen kausalen und prädiktiven Determinismus:

> **Die Gesetze der Physik müssen genaue Vorhersagen darüber machen, wie sich Quantensysteme unter dem Einfluss von Kräften und Ähnlichem im Laufe der Zeit verändern.**

Die Quantenphysik besagt manchmal, dass für einen bestimmten Ausgangszustand mehrere Ergebnisse gleich wahrscheinlich sind und gibt uns keine Möglichkeit, im Voraus zu bestimmen, was tatsächlich passieren wird. Fehlt etwas in der Theorie?

Ein größeres Problem ist die Einführung eines bewussten und selbstbewussten Beobachters in die Prozesse der Natur auf einer fundamentalen Ebene. Die ganze Idee der Messung erfordert jemanden, der die Größe bestimmt. Angesichts des Konzepts des Kollapses der Wellenfunktion hat der Akt des Messens einen bedeutenden Einfluss auf die Natur selbst. Wenn niemand daran interessiert ist, die Position eines Elektrons zu messen, entwickelt sich seine Wellenfunktion anders, als wenn jemand sie misst.

Der Grund, warum dies ein Problem ist, ist, dass es das Konzept der objektiven Realität bedroht.

Für einige ist das eine einfache Tatsache, während andere anderer Meinung sind.

Wir müssen jedoch glauben, dass es eine physische Realität gibt, auch wenn wir nicht hinschauen.

So existiert die Sonne auch dann, wenn wir sie nicht beobachten können. Keine der Eigenschaften der Sonne sollte davon abhängen, ob wir sie beobachten oder messen.

Wenn der Akt der Beobachtung selbst die beobachtete Sache verändert, wie wahrscheinlich ist es dann, dass verschiedene Beobachter das gleiche Ergebnis erhalten, wenn sie versuchen, eine physikalische Größe zu messen? Solange sich nicht mehrere Beobachter über ihre Beobachtungen einig sind, ist es schwierig zu definieren, was objektiv real ist.

In der Kopenhagener Deutung bewirkt jede Beobachtung eine radikale Veränderung einer Wellenfunktion und die Wellenfunktion umfasst alles, was über ein Teilchen bekannt sein kann.

Eine der größten Herausforderungen der Kopenhagener Deutung betrifft das »Messproblem«. Der Akt des Berechnens oder Beobachtens des Zustands eines Systems spielt in diesem Schema eine entscheidende Rolle.

Was passiert, wenn eine Messung stattfindet? Befürworter der Kopenhagener Deutung argumentieren, dass der Messvorgang einen Zusammenbruch der Wellenfunktion verursacht. Wenn eine Berechnung durchgeführt wird, wird die Wellenfunktion durch einen einzigen, reinen Quantenzustand ersetzt. Außerdem scheint dieser Zustand aus der

Sicht des Experimentators die einzige Möglichkeit zu sein, die dem Messergebnis entspricht.

19 Viele Interpretationen der Quantenphysik

Die Viele-Welten-Interpretation ist eine Interpretation, die ursprünglich von Hugh Everett entwickelt wurde. Nach dieser Interpretation ist die Wellenfunktion ein wesentlicher Faktor bei der Entwicklung der Realität. Jede Messung innerhalb der Quantensphäre verursacht eine Spaltung des Universums, wodurch Paralleluniversen entstehen.

Nach dieser Interpretation spaltet jedes zufällige Ereignis das Universum in die verschiedenen Möglichkeiten auf, die zur Verfügung stehen. Jede dieser Versionen wird ein anderes Ergebnis haben als die andere. Das ist vergleichbar mit einem Baum, von dem sich mehrere Äste abspalten. Es sagt uns nicht genau, wann ein bestimmtes Ereignis eintreten kann.

Nach der üblichen Quantentheorie gibt es keine Möglichkeit zu wissen, ob es zerfallen ist oder nicht, bis die Messung durchgeführt wird. Du müsstest das Atom so behandeln, als befände es sich in einem Überlagerungszustand, d. h. sowohl zerfallen als auch nicht zerfallen. Wie das Schrödingers-Katzen-Experiment gezeigt hat, finden sich diese Widersprüche in den meisten Quantentheorien.

Wenn die Quantentheorie davon ausgeht, dass ein Atom in beiden Zuständen existiert, kommt MWI zu dem Schluss, dass mindestens zwei Universen existieren müssen, eines, in dem das Teilchen und ein anderes, in dem das Teilchen nicht zerfallen ist. Dies setzt sich in der Regel unendlich fort, sodass eine unbegrenzte Anzahl von Quantenuniversen entsteht. Das Everett-Postulat als Teil des MWI macht uns klar, dass das Universum ständig in den verschiedenen Zuständen der Superposition existiert. Das bedeutet, dass es keinen Punkt gibt, an dem die Wellenfunktion zusammenbricht, denn das würde zeigen, dass die Prinzipien der Quantenmechanik von dem Universum, das sie beschreiben soll, nicht befolgt werden.

Es sei darauf hingewiesen, dass diese Ideen nicht ganz richtig sind und daher nicht durch Fakten gestützt werden. Die MWI lässt keine Kommunikation zwischen diesen Paralleluniversen zu, was diese Science-Fiction noch unplausibler machen würde.

Es könnte schwierig sein, zwischen der Everett-Interpretation und der Standard-Quantentheorie zu unterscheiden, da sich ihre Vorhersagen ähneln. Im Jahr 2014 gelang es einigen Forschern der Griffith University in Brisbane, ein vermeintlich überprüfbares Multiversum-Modell vorzustellen. Es ist bekannt, dass die klassischen Regeln der Bewegung auf Teilchen anwendbar sind, genau wie die Newtonschen Gesetze. Viele Forscher/innen führten die seltsamen Effekte, die zwischen den verschiedenen Quantenexperimenten beobachtet wurden, auf die Abstoßungskräfte zurück, die zwischen den Teilchen und ihren Klonen in den Paralleluniversen herrschen. Diese Abstoßungskraft erzeugt dann Wellen, die in den Paralleluniversen zu finden sind.

Unter der Annahme, dass es etwa 41 verschiedene interagierende Welten geben könnte, untersuchten die Forscher dieses Phänomen mithilfe von Computersimulationen. Ihr Modell war in der Lage, eine Vielzahl von Quanteneffekten zu reproduzieren, sogar bei der Betrachtung von Teilchenflugbahnen, ähnlich wie beim Doppelspaltexperiment. Dank dieser zusätzlichen Worte konnten die Wissenschaftler beobachten, dass das Interferenzmuster näher an das herankommt, was die Standard-Quantentheorie voraussagt. Während dieses Prozesses konnten die Forscher nachweisen, dass die Erhöhung der Anzahl der Welten das gesamte Interferenzmuster beeinflusst. Dadurch glauben die Forscher, dass es möglich ist, festzustellen, ob das Multiversum-Modell richtig ist. Sie gehen davon aus, dass es keine Wellenfunktion gibt. Daraus wurde gefolgert, dass die Existenz der Realität auf der klassischen Interpretation beruht.

Wie sich dies auf unser Verständnis des Universums und der Realität auswirkt, muss noch herausgefunden werden. Forscherinnen und Forscher führen Tests durch, um festzustellen, ob es eine objektive Realität geben könnte.

Viele junge Wissenschaftler sind von der Idee angezogen, in andere Dimensionen zu reisen. Die Möglichkeit von Zeitreisen lockt diese jungen Forscher in die Welt der Quantenphysik. Viele dieser jungen Wissenschaftler tragen dazu bei, die meisten der einzigartigen Rätsel der Quantenphysik zu lösen.

Mit diesem neuen Verständnis der Welt, das sich von dem unterscheidet, was Newton vorgeschlagen hatte, konnte Einstein das Äquivalenzprinzip formulieren; und die Essenz dieser Theorie war, dass das Gravitationsfeld das Gegenstück zu einem Bereich der Beschleunigung ist. Um zu diesem Prinzip zu gelangen, griff er auf eine grundlegende Eigenschaft von Gravitationsfeldern zurück, die bereits von Galileo vorgeschlagen wurde und die in den von Newton vorgeschlagenen Gleichungen enthalten war. Dies war die Theorie, dass die Beschleunigung, die ein Gravitationsfeld auf einen Körper überträgt, unabhängig von seiner Masse ist.

Einstein sah die Notwendigkeit, nach der Definition seiner speziellen Relativitätstheorie eine allgemeine Theorie zu entwickeln, und zwar aus vielen Gründen. Es bestand die Notwendigkeit, die Newtonschen Gesetze vollständig in das Gesetz einzupassen, so wie es die Mechanik der freien Teilchen und die Elektrodynamik taten. Newtons Gleichungen waren unter Galileis klassischer Transformation invariant, zeigten dies aber nicht unter der Lorentz-Transformation. Dies führte zu einer Spaltung der Physik: Sie wurde in zwei Teile gespalten und stand im Widerspruch zum Relativitätsprinzip, das die Gültigkeit der gleichen Grundgesetze in allen Situationen fordert.

Die Relativitätstheorie wies einige Widersprüche zu den Annahmen der Newtonschen Theorie auf. Einstein hielt es daher für notwendig, eine relativistische Theorie für die Gravitation zu entwickeln, da dies eine logische Notwendigkeit war.

Ein weiteres Problem tauchte auf. Es beruhte auf der Tatsache, dass sich der relativistische Ansatz explizit die Frage nach Veränderungen in Bezugssystemen und deren Einfluss auf die Form physikalischer Gesetze stellt. Die Spezielle Relativitätstheorie lieferte nur einen kleinen Teil der Antworten. Die betrachteten Bezugssysteme befanden sich in gleichmäßiger Bewegung und hatten konstante Geschwindigkeiten zueinander. Die reale Welt zeigt uns jedoch ständig Drehungen und Beschleunigungen, die durch die vielen wirkenden Kräfte wie die Schwerkraft oder umgekehrt durch neue Kräfte wie die Trägheitskraft verursacht werden.

Einstein ging an dieses Problem heran, indem er nach einer Theorie suchte, die die relativistische Gravitationstheorie aufgreift und die Relativitätstheorie auf Nicht-Inertialsysteme verallgemeinert und dies in einem einzigen Versuch. Möglich wurde dies durch das Äquivalenzprinzip, das dies ermöglichte. Wenn das Beschleunigungsfeld und das Gravitationsfeld örtlich ununterscheidbar sind, reduzieren sich die beiden Probleme der Beschreibung von Veränderungen in den Koordinatensystemen, einschließlich derjenigen, die beschleunigt werden und derjenigen, die einem Gravitationsfeld ausgesetzt sind, auf ein einziges Problem. Ein weiteres Problem war, dass ein solcher Ansatz nicht auf die relativistische Newtonsche Gravitation reduziert werden kann. Einstein schlug vor, das Problem der Newtonschen Theorie durch die allgemeine Relativitätstheorie zu lösen. Im Gegensatz dazu versuchten andere Physiker, dieses Problem durch eine einfache Umformulierung zu lösen: indem sie eine Kraft einführten, die sich mit Lichtgeschwindigkeit ausbreitete. Dies war eine neue Theorie: eine Theorie des Rahmens (gekrümmte Raumzeit, jetzt eine dynamische Variable) in Verbindung mit seinem Inhalt und nicht mehr nur eine Theorie von Objekten in einem starren, vorher existierenden Rahmen, wie es in Newtons absolutem Raum der Fall war.

20 Einstein-Podolsky-Rosen-Paradoxon

Das EPR-Paradoxon oder Einstein-Podolsky-Rosen-Paradoxon versucht, die widersprüchlichen Variablen der Kopenhagener Deutung zu erklären. Wenn der Zustand eines Teilchens feststeht, gilt das auch für das andere, weil ihre Zustände verschränkt sind.

Warum gibt es dann ein Paradoxon? Das Paradoxon besteht darin, dass es, obwohl ich dir gesagt habe, dass es keine Kommunikation zwischen den Teilchen in einem verschränkten Zustand geben kann, scheinbar doch eine gibt. Die Wissenschaftler sehen jedoch keine Kommunikation, sondern eine Korrelation oder besser gesagt eine Verschränkung. Die Teilchen scheinen miteinander zu kommunizieren, wenn sie den Zustand des jeweils anderen angleichen, weil sie verschränkt sind. Sie erreichen den Zustand des jeweils anderen mit einer Geschwindigkeit, die schneller ist als die Lichtgeschwindigkeit, was Einsteins Relativitätstheorie widerspricht.

Es ist einfach, zu dem Schluss zu kommen, dass dieses Paradoxon die Theorie der Verschränkung unterstützt. Meine Absichten sind jedoch genau das Gegenteil. Ich präsentiere das Paradoxon, um dein historisches Verständnis der Quantenphysik zu bereichern und ein Verständnis für die Debatten zu bekommen, die geführt wurden, bevor die Theorie überhaupt bewiesen werden konnte.

Ich habe noch nicht erwähnt, dass Einstein diese Theorie prägte, weil er nicht an die Verschränkungstheorie glaubte. Er versuchte nicht, sie zu widerlegen, sondern stattdessen zu zeigen, dass die Gesetze der Physik, darunter die Relativitätstheorie, nicht mit der Quantenmechanik koexistieren können. Mit diesem Paradoxon wollten Einstein und sein Kollege Bohm zum Ausdruck bringen, dass die Quantenverschränkung zwar funktioniert, aber nicht mit der Relativitätstheorie vereinbar ist. Für diese Schlussfolgerung gab es mehrere Möglichkeiten: Entweder war die Relativitätstheorie fehlerhaft oder die beiden anderen Ideen gehörten einfach nicht in denselben Kontext. Letzteres erwies sich als richtig; die Relativitätstheorie hat in der klassischen Welt mehr Platz als in der Quantenwelt.

Warum wirft die Relativitätstheorie so viele Probleme mit der Quantenphysik auf? Allgemein gesagt, beschreibt die Relativitätstheorie »kontinuierlich und deterministisch« (Powell, 2015). Die Quantenphysik ist ein ganz anderes Tier; ihre Ereignisse geschehen in schwindelerregenden »Quantensprüngen«, mit wahrscheinlichen, nicht deterministischen Ergebnissen. Wie du siehst, sind die beiden nicht deckungsgleich und können es auch nicht sein. Wir können jedoch versuchen, sie zusammenzuführen. Am Ende des Tages werden wir herausfinden, wie sie sich überschneiden, denn das tun sie. Schließlich leben wir in einer und nicht in zwei Welten. Wir sehen sie derzeit nur auf zwei Arten.

Eine Theorie kombiniert die Ideen der Relativitätstheorie und der Quantenverschränkung und wird Pixel-Metapher genannt. Benannt nach der seltsamen Sache, die passiert, wenn du einen Fernsehbildschirm aus der Nähe betrachtest, versucht die Pixelmetapher, eine zweidimensionale Theorie auf die Welt anzuwenden. Das ergibt eine Menge Sinn, wenn du darüber nachdenkst. Die Quantentheorie, die die Welt der winzigen Dinge erklärt und die klassische Theorie, die die großen Dinge erklärt, können nur nebeneinander existieren, wenn die große Welt aus kleinen, kleinen Dingen (Teilchen) besteht. Dieser Theorie fehlen jedoch noch die verborgenen Variablen. Der Weg in die Zukunft ist eine Theorie, die beide Ansätze in einer Vorstellung von der ganzen Welt als einem kolossalen System vereint.

Das Paradoxon basiert auf einem Teilchen, das mit einem Quantenspin von null instabil ist und schließlich in zwei Teilchen zerfällt. Die Spins der neuen Teilchen müssen jeweils gleich null sein. Wenn also ein Teilchen mit einem Rad -1/2 gemessen wird, dann muss das andere eine +1/2 sein, um gleich null zu sein. Aber bis eines von ihnen gemessen wird, haben beide keinen Endzustand, sondern die gleiche Wahrscheinlichkeit, negativ oder positiv zu sein.

Das hat die Wissenschaftler beunruhigt und sie haben es als Paradoxon bezeichnet. Erstens: Die Quantenmechanik besagt, dass ein Teilchen bis zum Zeitpunkt der Messung keinen eindeutigen Quantenspin hat. Zweitens: Sobald der Spin eines Teilchens gemessen wird, wird der Wert festgelegt, bevor der Spin des anderen Teilchens gemessen wird.

Einstein sah darin einen klaren Verstoß gegen die Relativitätstheorie. Stattdessen befürworteten er und David Bohm einen alternativen Ansatz, der auch als Theorie der verborgenen Variablen bekannt ist. Sie besagt, dass die Quantenmechanik in ihrer derzeitigen Form unvollständig ist. Das fehlende, aber nicht sofort ersichtliche, musste hinzugefügt werden, um den nichtlokalen Effekt zu erklären, wie er bei den beiden Teilchen nachgewiesen wurde.

Die Ungewissheit in der Quantenmechanik beruht nicht nur auf einem Mangel an Verständnis und Wissen, sondern auch auf einer konkreten Realität. Das Problem ist, dass die verborgenen Variablen schwer zu finden sind und die Wissenschaftler sich schwertaten zu erkennen, wie sie sinnvoll einbezogen werden können. Während Bohr die Quantentheorie mit der Kopenhagener Deutung verteidigte, existiert die Superposition in allen Zuständen gleichzeitig und erklärt so die scheinbare Kommunikation zwischen den Teilchen, weil der gleiche Term mit den Gleichungen sie repräsentiert.

Das Bell'sche Theorem war ein entscheidender Moment gegen die Idee der verborgenen Variablen. Immer wieder wurden diese Ungleichungen verletzt und so wurde die Quantenverschränkung nachgewiesen. Heute lehnen die meisten Wissenschaftlerinnen und Wissenschaftler die Idee der verborgenen Variablen ab, wie sie in Abwandlungen des EPR-Paradoxons dargestellt wird. Unser letztes Gedankenexperiment ist eine ganz besondere Erklärung.

21 Die revolutionären Entdeckungen in der Quantenmechanik

21.1 Das atomare Modell von Bohr

Die Tatsache, dass Albert Einsteins und Max Plancks Forschungsergebnisse mit Quantenzeichen nicht schlagartig akzeptiert wurden, überraschte zunächst niemanden. Die Zeit war offensichtlich noch nicht reif genug. Das hinderte aber andere Physiker nicht daran, ihr Wissen in ihre Arbeit einfließen zu lassen.

Einer dieser Physiker war der Däne und Nobelpreisträger Niels Bohr. Es war bereits bekannt, dass jedes Element sein eigenes Farbspektrum hat. Zu Beginn des 19. Jahrhunderts hatten Forscherinnen und Forscher feine, schwarze Streifen – die sogenannten Absorptionslinien – im Bereich des Sonnenlichts entdeckt. Sie suchten zunächst vergeblich nach Erklärungen. Es dauerte nicht lange, bis Wissenschaftler entdeckten, dass sie von kühleren Materialwolken in der Sonnenatmosphäre verursacht wurden, die bestimmte Frequenzen absorbierten. Auch das Licht anderer Sterne hatte sein Spektrum mit eigenen Absorptionslinien. Praktischerweise konnten chemische Untersuchungen aus der Ferne durchgeführt werden; zum Beispiel, aus welchen Gasen oder Elementen die Atmosphären fremder Planeten bestehen. Man musste sie nur mit den Spektrallinien der Erdmerkmale vergleichen und schon wusste man, um welche Faktoren es sich handelt.

Aber diese Phänomene lassen sich mit Rutherfords Atommodell weder erklären noch mathematisch korrekt beschreiben. Es war an der Zeit, das überholte Modell zu revolutionieren. An dieser Stelle sollten Niels Bohrs Forschungen über das Lichtspektrum von Wasserstoffatomen helfen.

Das Wasserstoffatom ist das einfachste Element und besteht aus einem positiv geladenen Kern, dem Proton und einem negativ geladenen Elektron. Bohr versuchte, eine plausible Beschreibung für dieses einfachste Element zu finden und sein Spektrum auf der atomaren Ebene zu formulieren, um dieses Prinzip auf alle anderen Aspekte anzuwenden.

Zunächst nahm er an, dass das Elektron nur beim Übergang zwischen den Spektrallinien ein (bestimmtes) Licht aussendet. Die Energieniveaus der Elektronen konnten diese Sprünge zwischen den Spektrallinien unmöglich beschreiben. So wie es Albert Einstein gelungen war, den Photoeffekt durch die Arbeit von Max Planck zu erklären, begann auch Niels Bohr, das vorhandene Wissen anderer mit seiner eigenen Forschungsarbeit zu verknüpfen.

Dann integrierte er das Plancksche Wirkungsquantum in das bestehende Atommodell und nahm an, dass die Elektronen des Atoms nur einen Teil des Photons aussenden oder absorbieren können. Es ist erwähnenswert, dass ein Elektron durch die überschüssige Energie ein Photon aussendet, wenn es auf eine niedrigere Umlaufbahn fällt und ein Photon absorbiert, wenn es auf eine höhere Umlaufbahn aufsteigt. Laut Bohr konnte das Elektron also nur Sprünge machen, was nicht dem klassischen Bild der Kontinuität entsprach.

21.2 Atome – die unsichtbare Welt

Heute ist das Bohr'sche Atommodell das am häufigsten dargestellte Modell in den meisten Schulmaterialien. Seine einfache Darstellung, die dem bekannten Sonnensystem ähnelt, ist leicht zu verstehen. Natürlich ist es nur eine Abstraktion, um sich schnell ein Bild von atomaren Prozessen auf einer verständlichen mathematischen Ebene zu machen.

Dieses abstrakte Bild, das die Grundlage aller natürlichen Prozesse bildet, hat die Aufgabe, uns die Realität und ihre Gesetze näherzubringen. Allerdings war es für viele Menschen damals noch paradoxer, dass unsere Vorstellung von der Natur auf etwas beruht, das weder mit dem freien Auge noch mit technischen Hilfsmitteln beobachtet werden kann.

21.3 Die Welle der Materie

Im Jahr 1923, fast ein Jahrzehnt nach Einsteins Fotoeffekt, setzte sich die Lichtquantenhypothese allmählich durch. Dies war vorwiegend auf die Entdeckung des amerikanischen Physikers und Nobelpreisträgers (1927) Arthur Compton zurückzuführen.

Compton hatte lange Röntgenstrahlen untersucht und erklärte die Wechselwirkung zwischen Elektronen und Röntgenstrahlen mit Einsteins Lichtquanten (Photonen). Das Licht bestand aus einem Strom von Teilchen – aber gleichzeitig hatte es auch Welleneigenschaften. Wie im Fall des Elektromagnetismus war das Licht zwei verschiedene Seiten derselben Medaille. Aber es fehlte eine logische Theorie, die beide Eigenschaften in einer alltäglichen Existenz vereinen konnte.

Die Wissenschaftler hofften, die Lösung in der Quantenphysik zu finden, die weiter erforscht und weiterentwickelt wurde und den Welle-Teilchen-Dualismus ersetzen sollte. Während viele Wissenschaftler ihren Aufgaben nachgingen, zeigte die außergewöhnliche Theorie eines französischen Physikers, dass der Dualismus in der Natur mehr als nur das Licht umfasst.

21.4 De Broglies kühne Idee

Bohrs Atommodell erlaubte es, die Spektren der Elemente mit Elektronen, die wie Flöhe von Schale zu Schale hüpften, korrekt zu beschreiben. Eine rationale und physikalische Erklärung lieferte es jedoch nicht. Vor allem fehlte der Zusammenhang zwischen den Bohrschen Elektronen und dem Planckschen Wirkungsquantum. Ganz abgesehen davon konnte sein Modell nicht alle Phänomene beantworten und führte teilweise zu Widersprüchen.

Louis de Broglie hat sich seit Anfang der 1920er-Jahre mit der dualen Natur des Lichts beschäftigt. In seinen Experimenten stellte er fest, wie das Licht in langen Zeitabständen seine Welleneigenschaften zeigte. So verhielt es sich beim

Energieaustausch zwischen Licht und Materie in kurzen Momentaufnahmen wie ein Teilchen. Seine Schlussfolgerung aus dieser Beobachtung war, dass sich die Eigenschaft des Lichts je nach Situation ändert, aber keine der beiden Eigenschaften gleichzeitig erfüllt.

De Broglie suchte nach einer plausiblen Erklärung. Wenn das Licht dualistisch sein konnte, was sprach dann gegen eine duale Natur der Elektronen? Wahrscheinlich hatte er das schon so gesehen, als er über die Welleneigenschaften der Materie nachdachte.

Er fand eine einfache Erklärung in den Geigensaiten. Er stellte sich die Elektronenbahnen wie schwingende Saiten vor, die an ihren beiden Enden befestigt sind und ihre eigenen Wellenlängen haben. Wie einst Einstein und Bohr es taten, nutzte auch De Broglie das Plancksche Wirkungsquantum für seine Forschung und bestimmte die Wellenlänge der schwingenden Saiten. Diese Saiten werden als »stehende Wellen« bezeichnet – das heißt, sie schwingen auf und ab, ohne sich entlang der Linie zu bewegen.

21.5 Schrödingers Wellengleichung

Nicht einmal Monate waren seit der Veröffentlichung vergangen und schon stürzten sich erste Physiker auf De Broglies Elektronenwellen. De Broglies kühne Idee hatte der Wissenschaft einen weiteren Durchbruch beschert, aber sie konnte ihre Existenz in einem funktionierenden Atommodell nicht rechtfertigen. Die fehlende mathematische Formulierung könnte auch den Energieaustausch der Materiewellen und die Emission und Absorption des Lichts beschreiben.

Die ersten Versuche stammen von dem österreichischen Physiker und Nobelpreisträger (1933) Erwin Schrödinger. Er scheiterte zunächst mit seinen Wellenformen, die das Lichtspektrum des Wasserstoffatoms nur unvollständig beschrieben. Diese Unvollständigkeit lag nicht an seiner intellektuellen, schöpferischen Kraft, sondern auch am Stand des physikalischen Wissens.

Im selben Jahr arbeiteten die deutschen Physiker Werner Heisenberg, Max Born und Pascual Jordan an ihrem eigenen quantenmechanischen Entwurf für das Atommodell, der sogenannten Matrixmechanik. Auch sie stießen auf das gleiche Problem wie Schrödinger, konnten aber dank des von Wolfgang Pauli eingeführten »Spins« ihren mathematischen Beweis erbringen. Schrödinger wusste nichts von dem Spin und konnte keine Lösung anbieten. Also überarbeitete er seinen Ansatz. Als er ein Jahr später seine letzte Arbeit mit einer neuen Grundlage veröffentlichte, trat er als Retter der Quantentheorie ins Rampenlicht.

21.6 Die Unschärfe des Elektrons

Schrödingers Wellengleichung konnte einen großen Teil der Phänomene beantworten. Allerdings verbarg sie ihre eigenen, spezifischen Probleme. Weiterhin tauchten weitere Fragen auf, zum Beispiel, wie man sich die Wellen in einem Atom konkret vorstellen kann – vor allem aber: Was sollte mit dem Teilchenbild geschehen, das auch Phänomene beschreiben konnte?

Max Born, ein deutscher Physiker und Nobelpreisträger (1954), beschäftigte sich mit diesen aktuellen Fragen der Quantentheorie, wie viele seiner Kollegen. Zunächst ging Born nicht, wie Schrödinger, von einer Welle aus und bezog die Teilcheneigenschaft des Elektrons mit ein. Beide sollten ein komplementäres Ganzes darstellen, ähnlich wie die duale Natur des Lichts. Es müsste also an einen anderen Ort ein Teilchen im Wasser sein, das die Wellen auslöst.

Seiner Idee folgend nutzte Born Experimente mit einem Elektronenstrahl, um die Position eines einzelnen Elektrons zu erfassen. Als er sich die Schrödingergleichung zunutze machte, stellte er fest, dass die Wellen die Elektronenteilchen lenkten und ihre Wellenstärke die Wahrscheinlichkeit bestimmte, dass ein Elektron auftrifft. Ähnlich wie ein Ball, der auf einer Wasserwelle zum Ufer schwimmt.

21.7 Heisenbergs Unschärferelation

Max Borns postulierte Wahrscheinlichkeitsfunktion bildete einen weiteren Ring in dem langen Diskurs. Auf dieser Grundlage arbeitete der deutsche Physiker und Nobelpreisträger (1932) Werner Heisenberg an einer mathematischen Formulierung, die den Bewegungsimpuls und den Ort eines atomaren Teilchens bestimmen sollte. Heisenberg hatte sich seit seiner Jugend von der antiken Philosophie inspirieren lassen. Er hatte die Ideen von Platon und Aristoteles als Quelle des Nachdenkens genutzt, die er auch in seinen Memoiren und spannenden Gesprächen mit seinen Wanderfreunden über Demokrits Atom zu Platons Gleichnissen festhielt. Bewegt von Platons Höhlengleichnis, hatte sich der junge Wissenschaftler auf den Weg zur verborgenen Wirklichkeit gemacht. Heisenberg gelang es, ihre Schatten zu erhellen. Allerdings befürchtete er, dass ihn niemand verstehen würde – seine Befürchtungen sollten sich also bewahrheiten.

21.8 Zenos Paradoxon des Pfeils

Es ist nirgends festgehalten, ob Zenos Pfeilparadoxon Heisenberg zur Entdeckung der Unschärferelation inspiriert hat. Unstrittig ist, dass das mehr als zweitausend Jahre alte antike Paradoxon ein ähnliches Problem beschreibt.

Der griechische Philosoph Zenon von Elea beschäftigte sich schon in der Antike mit Raum, Zeit und Bewegung. Er beschrieb die Beziehung zwischen diesen Parametern anhand paradoxer Beispiele. Der Heisenbergschen Unschärferelation am nächsten kommt das Paradoxon des Pfeils. Auf den ersten Blick mag es vielleicht seltsam erscheinen, dass sich die griechischen Philosophen schon lange vor Heisenberg mehr oder weniger mit der gleichen Sache beschäftigt haben, ohne technische oder mathematische Hilfsmittel. Aber wie wichtig philosophische Ansätze sind, zeigt Zenos Pfeilparadoxon, das die Schwierigkeit veranschaulicht, den Ort und die Geschwindigkeit eines Pfeils als lokalisierenden Parameter zu bestimmen.

Angenommen, wir schießen einen Pfeil mit einem Bogen ab und beobachten dann, wie er von A nach B fliegt. Wie lässt sich der genaue Standort eines sich bewegenden Zeigers bestimmen? Ganz einfach: Wir frieren das Bild ein und sehen, wo sich der Zeiger befindet. Aber was hat es mit der Bewegung auf sich? Laut Zeno existiert die Aktion einfach nicht, wenn wir die Position des Pfeils erfassen wollen. Zenos Überlegung ist für die damalige Zeit sensationell, wenn man bedenkt, dass nicht einmal die Anatomie oder Funktion des Auges erforscht war.

Das menschliche Auge macht etwa 24 Bilder pro Sekunde — wie eine Kamera, die mehrere Bilder hintereinander macht. Wenn der Pfeil innerhalb einer Sekunde eine Strecke von A nach B zurücklegt, sehen wir im Grunde 24 verschiedene Positionen des Pfeils während dieser Strecke. Die Addition dieser momentanen Eindrücke ergibt dann die Bewegung, die wir als flüssigen Ablauf wahrnehmen. Eine Fliege zum Beispiel benötigt 600 Bilder pro Sekunde. Deshalb ist die Bewegung für sie langsamer. Wäre unser Auge in der Lage, eine unendliche Anzahl von Bildern aufzunehmen, würde sich der Pfeil niemals von der Stelle bewegen — geschweige denn von A nach B.

22 Die seltsamen und faszinierenden Regeln des Gesetzes der Anziehung

Es ist oft schwer zu verstehen, wie das Universum funktioniert, wie du das bekommst, was du dir wünschst und warum du es manchmal einfach nicht zu bekommen scheinst. Das Gesetz der Anziehung und die Quantenphysik arbeiten zusammen, um das Gleichgewicht im Universum herzustellen. Es ist wichtig, beide zu kennen, um zu verstehen, wie das Universum funktioniert.

Zunächst einmal lässt sich das Gesetz der Anziehung – zusammen mit der Quantenphysik – auf einen grundlegenden Aspekt reduzieren, den du verstehen musst, um das Gesetz der Anziehung richtig nutzen zu können. Gleiches zieht sich an. Es ist wichtig, sich diese Tatsache ins Gedächtnis zu rufen, wenn du dich mit dem Gesetz der Anziehung beschäftigst, damit du weißt, wie du das Gesetz und seine Bedeutung am besten nutzen kannst.

Wenn du dir den Satz »Gleiches zieht Gleiches an« anschaust, dann siehst du genau, wie es klingt. Die Art, wie du bist, deine Einstellung, deine Hoffnungen und Träume werden ähnliche Dinge zu dir anziehen. Die Art von Energie, die du in das Universum einbringst, ist die gleiche Art von Energie, die dich anzieht.

Denke an die Momente, in denen du wütend und verärgert warst und zu spät kamst. Je verärgerter und frustrierter du über den Tag warst, desto später schienst du zu laufen. Je mehr du darüber nachdenkst, dass du zu spät kommst, verärgert und wütend bist, desto mehr siehst du, dass du dir selbst noch mehr Grund gibst, verärgert, frustriert und zu spät zu kommen. Dann denke an einen guten Tag in deinem Leben – einen Tag, an dem alles so zu laufen schien, wie du es wolltest. Du bist vielleicht aufgeregt und glücklich und es scheint nichts zu geben, was dich runterziehen könnte. Je mehr du dich auf diese glücklichen und begeisterten Gefühle konzentrierst, desto mehr wirst du merken, dass du glücklich und begeistert bist.

Das ist die grundlegende Idee hinter dem Gesetz der Anziehung – Gleiches zieht Gleiches an. Je mehr du dich auf gute und positive Dinge konzentrierst, desto mehr gibt dir die Welt gute und positive Dinge.

Diese Idee ist schon seit Langem bekannt. Dennoch ist sie erst in letzter Zeit populär geworden, da immer mehr Menschen zu verstehen beginnen, dass das Gesetz der Anziehung die Quantenmechanik ist, eine Theorie darüber, wie das Universum funktioniert. Die Quantenphysik lehrt, dass nichts festgelegt ist, dass es keine Grenzen gibt und dass alles aus schwingender Energie besteht. Diese Energie steht unter der Kontrolle unserer Gefühle. Sie ist geformt, formbar und gestaltbar. Es ist etwas anderes, als nur zu wünschen und zu hoffen – es geht darum, daran zu glauben. Damit das Gesetz der Anziehung für dich funktioniert, musst du daran glauben, dass das Universum dir die Dinge schickt, die du willst.

Das Gesetz der Anziehung könnte eines der spezifischsten Gesetze sein, die du je kennengelernt hast. Wenn du es vollständig verstehst und nutzen kannst, wirst du feststellen, dass du alles haben kannst, wovon du jemals geträumt hast. Das Gesetz der Anziehung besagt, dass man Dinge zu sich ziehen kann, indem man sich auf bestimmte Dinge konzentriert. Es hat eine Beziehung zur Quantenmechanik, die erklärt, dass es nichts Bestimmtes und keine Grenzen gibt. Nach der Quantenphysik besteht alles aus schwingender Energie. Das Gesetz der Anziehung und die Quantenphysik sind also miteinander verbunden und stehen sogar in einer Wechselbeziehung.

Nach der Quantenphysik und dem Gesetz der Anziehung ist der Mensch der Schöpfer seines Universums. Das Universum besteht aus Bausteinen – nicht starr wie in der klassischen Newtonschen Physik, sondern fließend und sich ständig verändernd wie in der Quantenphysik.

Das Quantengesetz der Anziehung besagt also, dass, weil
sich alles immer weiterentwickelt und fließt - und weil das
Universum in Wirklichkeit aus diesen dynamischen und sich
verändernden Energien besteht -, alles von jeder Person angezogen werden kann, wenn man sich nur darauf konzentriert. Die Wahrscheinlichkeit, dass jemandem etwas zu-
stößt, ist sehr hoch, solange er sich auf etwas konzentriert.
Nach der Quantenphysik ist jeder Mensch Teil der Schöpfung des Universums. Diese Person konzentriert sich auf
Themen und zieht sie an – und zwar entsprechend den Problemen, auf die sie sich konzentriert. Diese Themen werden
zu jeder Person gebracht. Deshalb wird die Welt von unseren Gefühlen beeinflusst. In Wirklichkeit ist sie nicht etwas,
das in Stein gemeißelt ist. Sie ist beweglich und wird von den
Gedanken der Menschen und ihren Überzeugungen beeinflusst.
Für jeden Menschen bedeutet das, dass seine Träume Wirklichkeit werden können. Alles, was sie unternehmen müssen, ist, die Dinge anzustreben, die sie wollen. Die Dinge, die
sie sich schon immer gewünscht haben und sie werden in
der Lage sein, ihre Chancen viel besser zu nutzen, als sie es
vielleicht denken. In Wirklichkeit ist das Anziehen von Dingen die einzige Möglichkeit, der Quantenphysik und dem
Gesetz der Anziehung dauerhaft zu gehorchen. Wenn du
dich auf die Dinge konzentrierst, die du dir wünschst und sie
in den Vordergrund stellst, ist das der beste Weg, um sicherzustellen, dass du motiviert bist, diese Dinge zu tun. Du wirst
feststellen, dass du die Dinge, an die du glaubst, am leich-
testen erreichen kannst. Es ist nicht immer leicht zu glauben,
dass du alles haben kannst, was du willst – aber genau das
ist die Grundlage des Gesetzes der Anziehung.
Das Gesetz der Anziehung besagt, dass wir alles anziehen,
worauf wir uns ständig konzentrieren. Stell dir vor, wir denken über die Beziehung zwischen dem Gesetz der Anziehung
und der Quantenphysik nach. In diesem Fall zeigt die Quantenphysik, dass nichts in dieser Welt festgelegt ist und es

keine Grenzen gibt. Die Quantenphysik besagt auch, dass alles, was im Universum existiert, schwingende Energie ist.

Angenommen, du willst deine Träume verwirklichen und dich aus dem Gefühl befreien, gefangen zu sein. In diesem Fall musst du daran glauben, dass alles in diesem Universum Energie ist und dass sich diese Energie in einem Zustand der Möglichkeit befindet. Du musst zulassen, dass sich die Regel der Anziehung durchsetzt, um Erfolg zu haben. Denk daran, dass wir die Erbauer des Universums sind. Nach der klassischen Physik von Newton besteht das Universum aus einzelnen Bausteinen. Diese Bausteine sind verlässlich und können nicht verändert werden.

Die Quantenphysik erklärt, dass es keine separaten Teile des Universums gibt. Alles existiert in Form einer Flüssigkeit und neigt dazu, sich gelegentlich zu verändern. Die Physik stellt sich diese Welt als einen tiefen Ozean aus Energie vor, der immer wieder neu entsteht und aus dem Universum verschwindet.

Die Menschen, die in dieser Welt leben, verändern die Energie mit ihren Gedanken. Es wird also bestätigt, dass man leicht erschaffen kann, was man erreichen will. Kurz gesagt: Der Mensch ist in erster Linie für das Erreichen seiner Ziele und die Zerstörung seiner Wünsche verantwortlich.

Das Beste, was man verstehen kann, ist, dass die Quantenphysik uns zu den Schöpfern des Universums gemacht hat. Es ist die ganze Energie um uns herum.

Du musst Einsteins berühmte Formel gelesen haben. Die Formel wurde im Jahr 1905 entdeckt und lautet wie folgt:

$$E = mc^2$$

Die obige Formel erklärt deutlich die Beziehung zwischen Energie und Materie. Energie und Materie können schnell verändert werden. Kurz gesagt: Alles, was in diesem Universum existiert, ist Energie und Energie entwickelt sich ständig weiter. Unsere Gedanken haben einen großen Einfluss auf diese Energie. Energie kann durch unsere Gedanken leicht erschaffen, geformt und gestaltet werden. Wir können die

Energie dessen, was wir denken, schnell in das verwandeln, was wir sein wollen.

Die Quantenphysik ist auch bekannt als die Physik der Möglichkeiten. Diese Theorie widerspricht der gängigen Vorstellung, dass die Außenwelt real und die Innenwelt eine Fabel ist. Sie besagt, dass das, was im Inneren geschieht, letztlich bestimmt, was außerhalb des Planeten passiert. Unsere Gedanken erschaffen die Welt, in der wir leben.

Wie bereits erwähnt, ist in dieser Welt nichts festgelegt. Deshalb müssen wir erkennen, dass wir schnell bekommen können, was wir wollen, wenn wir uns auf unsere Gedanken und das, was wir zu uns ziehen wollen, konzentrieren. Gehe immer noch davon aus, dass es passieren kann und es wird immer passieren.

Das Gesetz der Anziehung und seine starke Verbindung zur Quantenphysik werden es dir ermöglichen, den Erfolg und die Erfüllung deiner Wünsche zu genießen. Erinnere dich daran, dass den Menschen Gutes passiert, nur weil sie glauben, dass es passieren wird.

Das Gesetz der Anziehung und die Quantenphysik sind eng miteinander verbunden. Das Gesetz der Anziehung besagt, dass wir durch unsere Gedanken und Handlungen die Realität manifestieren. Und es überrascht nicht, dass die Quantenmechanik das Gesetz der Anziehung erklären wird.

Der derzeit am meisten vernachlässigte und missverstandene Zweig der Wissenschaft ist die Quantenphysik. Die Quantenphysik blickt tief in die Struktur unserer Existenz und versucht zu erklären, wie das Mikro das Makro beeinflusst und den Ursprung des Gesetzes der Anziehung zu begreifen.

Obwohl die Quantenphysik immer noch nicht vollständig ist, weil die Ressourcen fehlen, um tief genug zu sehen, um alles zu wissen, ist das, was bisher entdeckt wurde, ausreichend, um das Gesetz der Anziehung in der Welt der Gedanken zu verstehen.

Eine der wichtigsten Entdeckungen der Quantenphysik ist, dass Materie wie ein Teilchen oder eine Welle funktionieren kann. Lass mich das klarstellen. Ein Teilchen ist eine faktische Materie – es kann sich immer nur an einer Stelle befinden, du kannst es also immer finden. Eine Welle hingegen ist kein endlicher Punkt.

Die Quantenmechanik hat nun durch Beobachtung herausgefunden, dass sich winzige Teilchen, sogenannte Elektronen, wie Teilchen verhalten, wenn sie durch zwei Spaltöffnungen geschossen werden. Jedes Elektron nahm einen Spalt auf, ging durch ihn hindurch und schlug auf der Rückseite des Bildschirms auf.

Wenn man Hunderte oder Tausende von ihnen abfeuerte, entstand ein Doppelspaltmuster. Wenn die Elektronen beim Durchgang durch die Schlitze jedoch nicht erfasst wurden, bildete sich auf der Rückseite des Schirms ein breites Interferenzmuster, das die Welle verursachte. Der Weg zeigte die Interferenz der Schlitze, was ein weiterer Beweis dafür ist, dass die Elektronen als Wellen und nicht als feste Teilchen durch die Schlitze gingen.

Was bedeutet das indessen für uns? Unsere Wahrnehmung, unsere Gefühle und Emotionen beeinflussen die Umwelt. Als Wissenschaftlerinnen und Wissenschaftler versuchten, das Elektron zu verfolgen, um vorherzusagen, wo es landen würde, stellten sie fest, dass es dort auftauchte, wo der Beobachter es haben wollte. Die Konsequenzen daraus sind ebenso enorm: Unsere Hoffnungen, Gedanken und Überzeugungen formen die subatomare Welt um uns herum!

Die Macht unserer Gedanken, Gefühle, Wünsche und Werte, die Realität zu verändern und zu gestalten, ist genau das, was uns das Gesetz der Anziehung sagt. Jetzt, wo du etwas wissenschaftliches Hintergrundwissen hast, kannst du vielleicht deine bisherigen Überzeugungen beiseite legen und es ausprobieren. Wenn man dir sagen würde, dass du alles haben kannst, was du willst, wäre das zumindest einen Versuch wert? Stell deinen Unglauben beiseite und lass dich überraschen.

23 Einführung in Symmetrien und Erhaltungsgesetze

In der Quantenphysik sind Symmetrien Eigenschaften der Raumzeit und der Substanzen, die bei bestimmten Transformationsprozessen unveränderlich sind. Sie sind in der Quantenfeldannahme, der Hypothese und der relativistischen Quantenmechanik anwendbar, einschließlich der Physik der kondensierten Materie und einiger mathematischer Standardmodellmethoden.

Erhaltungssätze besagen, dass sich eine bestimmte messbare Eigenschaft einer unabhängigen physikalischen Größe nicht ändern kann, wenn sich das System in der Zeit verändert. Die grundlegenden Erhaltungssätze sind die Erhaltung des Drehimpulses und die Erhaltung der elektrischen Ladung. Weitere Erhaltungssätze sind die Erhaltung der Energie und die Erhaltung des linearen Impulses.

Außerdem bieten die Erhaltungssätze keine sofortigen Lösungen für Probleme. Dennoch sind sie Aspekte der Begrenzungen und zuverlässig bei der Bewältigung unzähliger Herausforderungen.

Im Allgemeinen sind die Erhaltungssätze und die Symmetrie nützlich, um Antworten auf Herausforderungen zu finden und Vorhersagen zu treffen.

23.1 Was sind Transformationen im Raum?

Im Jahr 1927 wandte Paul Dirac in seiner frühen Formulierung der Quantenregel ein Bild oder Verfahren an, das als Transformationstheorie bezeichnet wird. Diese besagt, dass sich eine Quanteneinheit mit der Zeit verändert. Diese Transformation bewirkt, dass ihr Vektor in Hilberts Freiheit von einer Position oder Orientierung zu einer anderen übergeht.

Anstelle von Quantenzustandsvektoren werden Symmetrietransformationen, Zeitentwicklung und Quantenübergänge als die logische Theorie der nicht figurativen und universellen Drehungen betrachtet.

23.2 Übersetzungsoperator verstehen und wie Operatoren transformieren

Jeder Operator, der Felder und Teilchen um einen bestimmten Grad in eine bestimmte Richtung verschieben kann, wird als Translationsoperator bezeichnet. Außerdem kannst du für einen Verschiebungsvektor wie x einen äquivalenten Translationsoperator finden, der in der Lage ist, Materialien und Felder um einen ähnlichen Wert wie x zu verschieben. Eine Veranschaulichung dieses Translationsprozesses ist die Funktion eines Teilchens, das sich im Punkt b befindet. Das Ergebnis ist ein Material, das sich im Punkt b + x befindet.

Das bedeutet, dass ein Operator, der sich um ein kleines Maß in eine bestimmte Richtung bewegen kann, mit der y-Komponente des Energieoperators zusammenhängt. Daher gilt der Energieerhaltungssatz, wenn sich die Umwandlungsoperatoren zusammen mit dem Hamiltonian bewegen. Dies ist der Fall, wenn die Prinzipien oder Theorien der Physik translationsinvariant werden.

23.3 Was ist Zeit-Translationsinvarianz?

In diesem Kurs geht es darum, dass dieser mathematische Prozess die Zeiten von Ereignissen durch ein gewöhnliches Intervall verschiebt. Die Hypothese, dass die Regeln der Physik unveränderlich sind und unter einer solchen Transformation bestehen bleiben, drückt das Zeit-Translations-Gleichgewicht aus. Sie wird zu einem problematischen Mittel, um die Vorstellung zu formulieren, dass die Regeln der Physik in der Geschichte konstant bleiben.

Es besteht eine enge Verbindung zwischen dem Umgang mit Energie und dem Noether-Theorem. Außerdem wird in der Mathematik eine Lie-Gruppe mithilfe von ganzzahligen Translationen nach einer bestimmten Methode gebildet.

Andere Symmetrien in der Natur sind Rotationssymmetrien und räumliche Translationen. Aber diese Symmetrien können aufgespalten werden. Dadurch werden verschiedene Vorgänge sichtbar, wie der Higgs-Mechanismus, Kristalle und Supraleitung

23.4 Rotationssymmetrie

Rotationssymmetrie tritt auf, wenn die Wahrscheinlichkeit auf dem Abstand zwischen zwei Objekten beruht. Dies lässt sich mit dieser Gleichung ausdrücken:

$$V = V(\,r\,)$$

Dieser Hamiltonian hat ein rotierendes Gleichgewicht. Dennoch ist sie für die Coulomb- und Gravitationskraft korrekt, einschließlich einiger anderer. Aus Sicht der klassischen Physik ist dies ein entscheidendes Problem, das es zu lösen gilt. Wenn der Hamiltonian eine Rotationssymmetrie hat, kann man obendrein feststellen, dass der kreisförmige Impulsoperator mit dem Hamiltonian mitwandert. Wir haben also:

$$[H, L] = 0$$

Aber jede Komponente von L sollte gegebenenfalls erhalten bleiben.

Die Kennzeichnung unserer Positionen mit den Quantenzahlen für die drei Teile der Winkelenergie ist nicht möglich, da wir für die Energieeigenzustände eine Gruppe von gemeinsam wandernden Operatoren benötigen. Daher müssen zwei Operatoren, einschließlich H, für alle Zustände in drei Dimensionen drei Quantenzahlen haben.

23.5 Translatorische Symmetrie

Das Bewegen der Prozeduren durch ein regelmäßiges Intervall in einer mathematischen Umdrehung ist als zeitliche Translationssymmetrie oder zeitliche Translationssymmetrie bekannt. Dabei handelt es sich um die Annahme, dass die physikalischen Gesetze in einem solchen Transformationsprozess invariant oder unveränderlich sind. Sie wurde im Laufe der Geschichte immer wieder formuliert und ist eng mit dem Noether-Theorem und dem Umgang mit Energie verbunden.

In der Physik sind Symmetrien notwendig und werden verwendet, um die Hypothese auszudrücken, dass einige Größen nicht beobachtbar und relativ sind. Sie sind mit den Gleichungen verknüpft, die die physikalischen Regeln wie die Lagrangesche und die Hamiltonsche Formel steuern. Diese Symmetrien lassen sich besser anwenden als die Werte, Größen und Bedingungen der Gleichungen, die besagen, dass die Prinzipien bei Umformungsprozessen unverändert bleiben.

23.6 Auswahlregeln für Vektoroperationen

Die Praxis, die Übergänge eines Systems von einer Quantenposition zu einer anderen in der Quantenphysik zu beschränken, wird Übergangsregel oder Auswahlregel genannt. Diese Regeln wurden für elektromagnetische Übergänge in Molekülen, Atomkernen und Atomen abgeleitet. Die Auswahlregeln können je nach der Technik, die zur Beobachtung des Übergangsprozesses verwendet wird, variieren.

Sie sind wichtig für den Umgang mit chemischen Reaktionen, einschließlich einiger spinforbidden Reaktionen. Das sind Reaktionen, bei denen sich der Zustand des Spins von Reaktanten zu Produkten ändert.

23.7 Rotationsauswahlregeln

Die Rotationsauswahlregel ist eine Aussage über zulässige Übergänge und beobachtbare Linien in einem Spektrum. Das Konzept dieser Theorie besagt, dass ein Teilchen, damit es mit dem elektromagnetischen Bereich zusammenarbeiten und ein Photon der Frequenz (v) abgeben oder absorbieren kann, einen Dipol haben sollte, der sich bei einer bestimmten Frequenz abwechselt, auch wenn dies nur vorübergehend ist.

Eine grobe Sortierregel formuliert jedoch die gemeinsamen Eigenschaften, die ein Teilchen besitzen sollte, um ein Spektrum zu erzeugen. Einige regelmäßige lineare Teilchen wie

C2H2 und CO_2, einschließlich anderer gleich kerniger zwei-atomiger Teilchen, sind rotationsinaktiv. Der Grund dafür ist, dass sie keine rotierende Skala haben. In diesem Sinne sind kugelförmige Rotoren rotationsfest, wenn die Geometrie durch Abwechslung unbestimmt ist, sodass sie während der Rotation einen stabilen Dipol haben.

In der klassischen Physik ist die Rotation dieses Sammelstatuts effizient. Daher zeigt sich ein kreisendes Teilchen mit einem stabilen elektrischen Dipol als ein fester Zuschauer mit einem veränderlichen Dipol. Dieser Dipol ruft im angrenzenden elektromagnetischen Feld Schwingungen hervor. Außerdem ermöglicht er die Absorption von Photonen.

23.8 Dreidimensionale Drehungen

In der Quantenphysik lassen sich physikalische Veränderungen durch unitäre Maschinen im Hilbert-Raum darstellen. Deshalb können wir über die Bedingung der dreidimensionalen Rotationen nachdenken. Das System hat einen Hilbert-Raum mit einer Facette, die die Bedürfnisse eines materiellen Systems mit dreidimensionalen Rotationen für wahrscheinliche physikalische Veränderungen ausdrückt. Daher müssen andere Zustände, die eine rotierte Anpassung des natürlichen Zustands sind, in jedem Systemzustand enthalten sein.

Zu jeder möglichen Drehung gehört ein äquivalenter unitärer Operator, der im Hilbert-Raum funktioniert. Für verschiedene Quantensysteme ist der Hamiltonian unterschiedlich, da die Rotationsoperatoren von Fall zu Fall variieren. Aber die Abbildung von Zyklen auf unitäre Operatoren ist nicht anders.

Wenn R1 und R2 zwei getrennte Rotationen sind, lässt sich die Rotation durch die Durchführung der anfänglichen R1 und der anschließenden R2 ableiten.

Das bedeutet, dass wir die Drehung gleichzeitig am Quantensystem durchführen. Wir würden ähnliche Ergebnisse erhalten, wie wenn wir die anfängliche Drehung R1 und die

nachfolgende Drehung R2 in zwei Schritten durchführen
würden.

23.9 Die Erhaltungsgesetze

Wie ich bereits gesagt habe, drücken die Erhaltungssätze
aus, dass sich eine bestimmte berechenbare Eigenschaft eines separaten physikalischen Systems nicht ändert, wenn es
sich mit der Zeit entwickelt oder umwandelt. Der Erhal-
tungssatz kann auf verschiedene Größen angewandt werden, zum Beispiel auf die Baryonenzahl, die Hyperladung,
die Strangeness, die Leptonenzahl, die Masse und die Parität. Diese Eigenschaften sind jedoch in verschiedenen Prozessen der Physik konservierbar.

Du kannst ein lokales Erhaltungsgesetz arithmetisch als ge-
brochene Disparitätsgleichung oder als Permanenzglei-
chung ausdrücken. Diese beschreibt die Beziehung zwischen
der Summe von Mengen und der Kommutierung dieser Faktoren. Das Gesetz drückt auch aus, dass sich die Menge des
konservierten Elements innerhalb einer Position um den Betrag der Menge, die innerhalb oder außerhalb der Dimensionen fließt, verändern kann.

23.10 Was sind Parität und eindimensionale
Parität?

Eine Umkehrung des Vorzeichens einer Raumkoordinate
wird Paritätsumkehr oder Paritätstransformation genannt.
Eine Paritätsumkehrung verwandelt ein Phänomen in sein
Spiegelbild. Dies wird als eine Bewertung der Chiralität eines
physikalischen Ereignisses angesehen. Unter der Parität sind
alle fundamentalen Wechselwirkungen einiger Primärteil-
chen symmetrisch, mit Ausnahme der schwachen Wechselwirkungen. Die Parität fungiert als eine starke steuernde
Kraft mit Quantenübergängen in symmetrischen Wechselwirkungen. Zum Beispiel beim Elektromagnetismus in der
Atom- und Molekularphysik. Sie dient als regulierendes Prinzip, das für Quantenübergänge unerlässlich ist.

Die Paritätsdarstellung (P) mit Matrizen in verschiedenen Dimensionen hat eine Determinante, die gleich minus eins (-1) ist. Damit unterscheidet sie sich von der Rotation mit einer Determinante, die gleich null ist.

Aber in einer zweidimensionalen ebenen Fläche kann das gleichzeitige Umdrehen aller Koordinaten mithilfe von Vorzeichen nicht gleichbedeutend mit einer Umrechnung sein. Dies wird als eine Umdrehung um 180 Grad bezeichnet.

23.11 Dreidimensionale Parität

Dreidimensionale Parität bedeutet eine Drehung in der Angabe aller drei räumlichen Synchronisationen. Das wird auch als Spiegelungspunkt bezeichnet und mit dieser Gleichung dargestellt:

$$P: \quad \begin{pmatrix} a \\ b \\ c \end{pmatrix} \rightarrow \begin{pmatrix} -a \\ -b \\ -c \end{pmatrix}$$

Dies kann auch zur Überprüfung eines physikalischen Phänomens oder der Chiralität dienen, da die Umkehrung der Parität dazu führt, dass ein solches Wunder in ein Spiegelbild verwandelt wird. Jede Grenzfläche von einfachen Teilchen, mit Ausnahme der schwachen Grenzfläche, ist unter Gleichheit symmetrisch.

Bei symmetrischen Wechselwirkungen unter Parität, wie dem Elektromagnetismus in der Klein- und Molekularphysik, fungiert sie als pulsierender Kontrollfaktor, der die Quantenumwandlung bestimmt. Die Darstellung von P als Matrix in verschiedenen Dimensionen hat eine Determinante von -1, die sie von der Rotation unabhängig macht.

Sie hat auch eine Determinante, die vergleichbar und ähnlich wie 1 ist. Allerdings unterstützt das Umdrehen aller Synchronisationen mit dem gleichen Vorzeichen nicht die Umwandlung der Parität in einer zweidimensionalen Fläche, sondern identisch mit i80 Grad Rotation.

24 Grundprinzipien der Quantenmechanik

Im Jahr 1900 wies der deutsche Physiker Max Planck nach, dass die Strahlungsenergie aus teilchenähnlichen Komponenten, den Quanten und aus Teilchen besteht, die wellenartige Eigenschaften haben können. Die Quantenphysik war geboren und Max Planck gilt weithin als ihr Vater.

Ein grundlegendes Konzept der Quantentheorie ist das Pauli'sche Ausschlussprinzip. Ein anderes ist die Heisenbergsche Unschärferelation. Doch zunächst wollen wir das berühmte Doppelspaltexperiment untersuchen.

24.1 Das Youngsche Doppelspaltexperiment

Im 17. Jahrhundert kam Isaac Newton zu dem Schluss, dass das Licht von Korpuskeln (Teilchen) getragen wird. Christiaan Huygens argumentierte, dass Newton falsch lag und Licht eine Welle ist. Dennoch wurde Newtons Theorie aufgrund seines größeren Ansehens akzeptiert.

1801, lange bevor an Quantenphysik gedacht wurde, führte Thomas Young sein berühmtes Doppelspaltexperiment durch, das die Beugung und Interferenz von Wellen zeigte und bewies, dass Licht eine Welle ist. Das Doppelspaltexperiment erfordert eine monochromatische Lichtquelle, d. h. eine einzige Wellenlänge des Lichts. Es ist unklar, wie Young dies erreicht hat, denn leider hat er sein Verfahren nie aufgezeichnet.

Verschiedene Frequenzen des Lichtspektrums ergeben unterschiedliche Interferenzmuster. Alle Frequenzen zusammen (weißes Licht) würden in diesem Experiment ein sehr unscharfes Gemisch aus allen Wegen ergeben.

Die Beugung von Wellen kann man beobachten, wenn Wasser durch einen Spalt oder um ein Hindernis herum fließt. Du siehst die Beugung, wenn sich das Wasser an den Rändern der Lücke oder des Hindernisses krümmt und beim Austritt Wellen erzeugt. Licht verhält sich auf die gleiche Weise.

Wo der Scheitelpunkt einer Welle auf den Tiefpunkt der anderen trifft, werden sie verstärkt. Das ist konstruktive Interferenz. Wo die Wellen Scheitelpunkt an Scheitelpunkt aufeinandertreffen, heben sie einander auf. Das ist destruktive Interferenz.

Daraus kannst du schließen, dass Huygens den Streit mit Newton im 17. Jahrhundert hätte gewinnen müssen. Aber ließ weiter.

1905 schlug Albert Einstein in seinem photoelektrischen Effekt ein Lichtquant (das Photon) vor, das sich sowohl wie ein Teilchen als auch wie eine Welle verhält. Mit anderen Worten: Licht ist sowohl ein Teilchen als auch eine Welle. Das lässt sich mit einer anderen Version des Doppelspaltexperiments nachweisen. Wenn monochromatisches Licht den einzelnen Schlitz in der ersten Schranke durchläuft, wird es gebeugt und tritt als Welle aus, scheint aber als Teilchen geradlinig zur dahinter liegenden Schranke durchzulaufen.

Wenn wir die erste Barriere entfernen und Licht durch beide Schlitze schicken, erscheint das Interferenzmuster der Wellen. Wenn wir nun einen Spalt schließen und Licht durchschicken, verhält es sich wie zuvor als Teilchen. Einstein hatte recht – Licht ist sowohl Welle als auch Teilchen.

1927 zeigten Clinton Davisson und Lester Germer experimentell, dass sich Elektronen wie Wellen verhalten. Ihr Experiment zeigte ein Beugungsmuster, wenn Elektronen an der Oberfläche eines Nickelkristalls gestreut wurden. Dies bestätigte die Hypothese von Louis de Broglie aus dem Jahr 1924, in der er postulierte, dass Materie wellenartige Eigenschaften hat.

2018 konnten Physikerinnen und Physiker zeigen, dass sich Antimaterie genauso verhält wie Materie. Sie entwickelten ein Doppelspaltexperiment mit Positronen (Antiteilchen der Elektronen). Die Doppelspalt-Untersuchung kann auch dazu verwendet werden, um zu zeigen, dass Unsicherheit und Wahrscheinlichkeit in jedem Quantensystem vorherrschen, wie wir bald herausfinden werden.

24.2 Die Heisenbergsche Unschärferelation

Die Unschärferelation, die Mitte der 1920er-Jahre von Werner Heisenberg eingeführt wurde, besagt Folgendes:

> **Sowohl der Ort als auch der Impuls eines Teilchens können nicht gleichzeitig bekannt sein.**

Wir können den Weg des Elektrons kennen, während es sich durch den Raum bewegt oder wissen, wo es sich an einem bestimmten Ort befindet. Aber wir können nicht beides wissen. Wenn wir beobachten, wo sich die Elektronen befinden, können wir ihren Impuls nicht verstehen und umgekehrt. Wir können nur Wahrscheinlichkeiten darüber angeben, wo sich die Teilchen befinden oder wie hoch ihre Geschwindigkeit ist. Das schränkt unsere Vorhersagen in der Quantenphysik ein.

24.3 Das Elektronenwolkenmodell

Erwin Schrödinger führte Mitte der 1920er-Jahre das Elektronenwolkenmodell ein. Dieses aktuelle Modell des Atoms sagt Wolken mit der Wahrscheinlichkeit voraus, in denen sich die Elektronen um den Kern befinden. Wir können nur sagen, in welchen Regionen sich die Elektronen wahrscheinlich aufhalten. Das Ausschlussprinzip lässt sich anhand des Bohrschen Atommodells besser veranschaulichen.

Schauen wir uns noch einmal das Doppelspaltexperiment an, um zu sehen, wie die Beobachtung (Messung) eines Elektrons es beeinflusst.

24.4 Das Herz der Quantenmechanik

Das Doppelspaltexperiment kann nun durchgeführt werden, um die Dualität der Materie zu zeigen und wie die Beobachtung des Experiments das Ergebnis beeinflussen kann. Das folgende Gedankenexperiment stammt aus dem Jahr 1978. Im Jahr 2007 wurde es mit Modemtechnologie durchgeführt.

Wenn wir jetzt Sensoren anbringen, um jedes Elektron zu beobachten, das durch die Schlitze läuft (Abb. 30), stellen wir fest, dass die Elektronen in 50 % der Zeit durch den linken Spalt und in den anderen 50 % der Zeit durch den rechten Spalt laufen. Das Interferenzmuster ist jedoch nicht auf dem hinteren Bildschirm zu sehen. Was wir sehen, sind zwei Streifen von Elektronen auf dem hinteren Bildschirm direkt hinter jedem Spalt.

Der einzige Unterschied im Experiment besteht darin, dass diesmal Sensoren zur Beobachtung der Elektronen hinzugefügt wurden. Es scheint, als ob die Elektronen wissen, dass sie beobachtet werden, denn wenn wir die Sensoren entfernen, erscheint das Interferenzmuster wieder auf dem hinteren Bildschirm. Bist du verwirrt? Wenn ja, bist du in guter Gesellschaft.

Die Frage, wie das passieren kann, verdeutlicht das Messproblem in der Quantentheorie.

24.5 Paulis Ausschlussprinzip

Wenn Atome fast nur aus Raum bestehen, warum können wir dann nicht durch Wände gehen? Wolfgang Pauli beantwortete diese Frage im Jahr 1925.

Heute wissen wir, dass Elektronen, wie alle Materie, Teilchen oder Wellen sein können. Das Ausschlussprinzip gilt für alle Fermionen im Standardmodell, aber nicht für Bosonen. Elektronen haben vier Quantenzahlen:

- Die Hauptquantenzahlen
- Die Bahndrehimpuls-Quantenzahl
- Die magnetischen Quantenzahlen
- Die Elektronenspin-Quantenzahl

Das Ausschlussprinzip besagt, dass keine zwei Elektronen in einem Atom die gleichen vier Quantenzahlen haben können. Atome unterscheiden sich nicht dadurch, dass sie verschiedene Arten von Elektronen haben, sondern durch die Anzahl der Elektronen und deren Anordnung. Ein Bit, das einen Festkörper bildet, wird niemals ein anderes Elektron dazukommen lassen. Schauen wir uns das Eisenatom an.

Das Pauli'sche Ausschlussprinzip verhindert, dass unerwünschte Elektronen in ein bereits bestehendes Atom wie Eisen eindringen. Aber wie?

Wenn Elektronen kleine Kugeln wären, wäre es schwer zu erkennen, wie. Aber da wir wissen, dass sie auch Wellen sein können, wird es einfacher zu sehen, wie sie unerwünschte Elektronen aus einem bereits gebildeten Atom ausschließen.

Elektronische Wellen können sich über große Entfernungen erstrecken, aber sie können sich niemals überschneiden. Die äußere (oder Valenz-) Schale des Eisenatoms hat zwei Elektronen. Wir können uns die gedehnten Wellen zwischen den Elektronen als Barrieren vorstellen, die unerwünschte Elektronen fernhalten, indem sie verhindern, dass sie sich überlappen. Deshalb können sich die Atome in deinen Füßen nicht durch einen Eisenboden, auf dem du stehst oder einen anderen Festkörper zwängen.

25 Angewandte Disziplinen

Die Effekte der Quantenphysik spielen in vielen modernen technischen Geräten eine wesentliche Rolle. Medizinische Bildwiedergabegeräte aus Lasern, Elektronenmikroskope, Atomuhren und Kernspinresonanz beruhen alle auf den Prinzipien und Effekten der Quantenmechanik. Die Erforschung von Halbleitern führte zur Erfindung von Dioden und Transistoren und ebnete schließlich den Weg für die moderne Elektronikindustrie. Das Konzept der Quantenmechanik spielte auch eine wichtige Rolle bei der Entwicklung von Atomwaffen.

Bei diesen Erfindungen spielen die Konzepte und mathematischen Beschreibungen der Quantenmechanik oft nicht direkt eine Rolle. Dennoch spielen die Ideen und Regeln der Festkörperphysik, der Chemie, der Materialwissenschaft oder der Kernphysik bei allen eine wichtige Rolle. In diesen Disziplinen bildet die Quantenmechanik die Grundlage. Die grundlegenden Theorien dieser Disziplinen beruhen alle auf der Quantenmechanik. Im Folgenden können nur einige der wichtigsten Anwendungen der Quantenmechanik aufgeführt werden und diese dokumentierten Beispiele sind sicherlich sehr unvollständig.

25.1 Atomphysik und Chemie

Die chemischen Eigenschaften eines Stoffes werden durch die elektronische Struktur seiner Atome und Moleküle bestimmt. Die elektronische Struktur eines Atoms oder Moleküls kann durch die Analyse der Mehrteilchen-Schrödinger-Gleichung unter Einbeziehung aller relevanten Kerne und Elektronen berechnet werden. In der Praxis wird erkannt, dass es zu kompliziert ist, eine solche Gleichung zu berechnen. Solange vereinfachte Modelle und Regeln verwendet werden, reicht es in vielen Fällen aus, die chemischen Eigenschaften eines Stoffes zu bestimmen. Bei der Erstellung eines solchen vereinfachten Modells spielt die Quantenmechanik eine wichtige Rolle.

Ein in der Chemie weit verbreitetes Modell ist das Atomorbital. In diesem Modell werden die Elektronen der Mehrteilchenzustände der Moleküle durch die Addition der Einzelelektronenzustände der einzelnen Atome gebildet. Dieses Modell enthält viele verschiedene Näherungswerte (z. B. die Vernachlässigung der Abstoßungskräfte zwischen den Elektronen, die Trennung der Elektronenbewegung von der Kernbewegung usw.), mit denen die Energieniveaus der Atome annähernd und genau beschrieben werden können. Neben dem relativ einfachen Berechnungsverfahren kann dieses Modell auch intuitiv eine Bildbeschreibung der elektronischen Anordnung und der Umlaufbahn liefern.

Anhand der Atomumlaufbahnen kann man sehr einfache Prinzipien (Hundsche Regel) anwenden, um Elektronenanordnungen zu unterscheiden. Auch die Regeln der chemischen Stabilität (Achtes Gesetz, magische Zahl) lassen sich leicht aus diesem quantenmechanischen Modell ableiten.

Durch die Addition mehrerer Atomorbitale kann dieses Modell auf Molekülorbitale ausgedehnt werden. Da Moleküle in der Regel nicht kugelsymmetrisch sind, ist diese Berechnung viel komplizierter als bei den Atomorbitalen. Ein Zweig der theoretischen Chemie, die Quantenchemie, ist eine Disziplin, die die Schrödinger-Gleichungen explizit approximiert, um die Struktur komplexer Moleküle und ihre chemischen Eigenschaften zu berechnen.

25.2 Kernphysik

Die Kernphysik ist ein Zweig der Physik, der die Eigenschaften des Atomkerns untersucht. Sie umfasst drei wichtige Bereiche: die Erforschung der Beziehung zwischen verschiedenen Arten subatomarer Teilchen und ihrer Klassifizierung, die Analyse der Struktur von Atomkernen und die Entwicklung der entsprechenden Kerntechnologie.

25.3 Festkörperphysik

Warum ist Diamant hart, spröde und durchsichtig, während Grafit, das ebenfalls aus Kohlenstoff besteht, weich und undurchsichtig ist? Warum ist Metall thermisch und elektrisch leitfähig und glänzt metallisch? Wie funktionieren Licht emittierende Dioden, Dioden und Transistoren? Warum ist Eisen ferromagnetisch? Was ist das Prinzip der Supraleitfähigkeit?

Anhand der oben genannten Beispiele kann man sich eine Vielzahl von Themen der Festkörperphysik vorstellen. Die Physik der kondensierten Materie ist der größte Zweig der Physik und alle Phänomene in der Physik der kondensierten Materie können nur durch die Quantenmechanik aus einer mikroskopischen Perspektive richtig interpretiert werden. Mit der klassischen Physik lässt sich nur ein Teil der Phänomene von der Oberfläche aus erklären.

25.4 Quanteninformatik

Der Schwerpunkt der Forschung liegt auf einer zuverlässigen Methode zum Umgang mit Quantenzuständen. Aufgrund der Natur von Quantenzuständen, die überlagert werden können. In der Theorie können Quantencomputer parallel arbeiten. Sie können in der Kryptografie eingesetzt werden. Theoretisch kann die Quantenkryptografie absolut sichere Kryptografie erzeugen. Ein weiteres aktuelles Forschungsprojekt ist die Quantenteleportation, bei der verschränkte Quantenzustände für die Teleportation genutzt werden.

26 Die Quantendimension

Ausgehend von der Arbeit von James Clerk Maxwell im 19. Jahrhundert wurde allgemein gefolgert, dass Licht, Elektrizität und Magnetismus Variationen derselben Entität namens Energie sind. Als der Physiker Neils Bohr und andere begannen, weiterzuforschen und zwar primär auf der subatomaren Ebene, wurde entdeckt, dass alle Kräfte ein wellenförmiges Verhalten haben.

Das bezieht sich primär darauf, wie sich ein Quantenteilchen an einem Ort verändert und ein anderes verwandtes Teilchen beeinflusst, das mehrere Lichtjahre entfernt ist. Für viele Wissenschaftlerinnen und Wissenschaftler war dies eine schmerzhafte Tatsache, die sie akzeptieren mussten. Selbst Einstein, der offen erklärte, dass »Einbildung wichtiger ist als Wissen«, stellte fest, dass die Verschränkungstheorie beunruhigende Fernwirkungen hat. Ihre Auswirkungen könnten jedoch Licht auf die Entdeckung des Spiegelneurons durch Professor Giacoma Rizzolatti in den 1990er-Jahren und die »100-Affen-Theorie« des sozialen Wandels werfen. Der Physiker Michio Kaku, Ph.D.und der Physiker Dean Radin, Ph.D., berichteten etwas noch Erfreulicheres. Sie haben öffentlich zahlreiche Forschungsprojekte dokumentiert, die zeigen, dass die subatomare Energie beeinträchtigt wird, wenn wir unsere Aufmerksamkeit auf sie richten. Mit anderen Worten: Wenn wir unser Bewusstsein bewusst auf ein Objekt lenken, verwandeln wir es. Diese Transformation durch die Kraft der Beobachtung ist eine der wertvollsten Erkenntnisse über unsere Fähigkeit, unsere innere oder äußere Umgebung zu beeinflussen.

Das letzte der wesentlichen Quantenkonzepte ist das sogenannte »Quantenpuzzle«. Hier geht es in erster Linie darum, Wahrnehmungen und Reaktionen auf äußere Einflüsse bei der Untersuchung des subatomaren Bereichs zu finden. Dies hängt mit den bereits erwähnten Konzepten der Quantenbeobachtung und der Verschränkung zusammen. Die Idee ist, dass es auch auf dieser Ebene ein Bewusstsein gibt, das eine Gruppe von Intellektuellen zeigt. Wenn du dir die spirituellen Implikationen ansiehst, sind Wissenschaft und Religion ohne Gott, der allgemein als unwissenschaftlich gilt, auf beunruhigende Weise miteinander verbunden. Was uns die Quantenphysik zu sagen scheint, ist, dass das Bewusstsein die gesamte Realität durchdringt und dass, wenn wir unseren Geist fokussieren, das Ziel bis zu einem gewissen Grad beeinflusst wird. Das hat die Quantenphysik erneut bestätigt. Und schließlich verändert das Objekt unserer gezielten Suggestion und Vorstellung die Verteilung der Energie in unserem Gehirn, unserem Körper und sogar in unserer sozialen Struktur und unserer physischen Umgebung.

In der Wissenschaft ist der mathematische Ausdruck von Gesetzen wichtiger als ihr Wortlaut, denn er ist die Grundlage für die empirische Anwendung der Wissenschaft, einschließlich der Entwicklung fortschrittlicher, ausgefeilterer und präziserer Technologien (einschließlich Medizintechnik und Arzneimittelentwicklung).

Die Quantenmechanik hat ihren Ursprung in einem einfachen Experiment, das Thomas Young, ein britischer Forscher auf vielen Gebieten der Natur- und Geisteswissenschaften, vor über zweihundert Jahren entwickelt hat. Für die Untersuchung braucht man nur eine Lichtquelle, ein Brett mit zwei Schlitzen und einen Schirm auf der anderen Seite, der das Licht auffängt, das durch die Schlitze fällt.

Als Thomas Young 1801 das erste »Doppelspalt«-Experiment meldete, bezeichnete der Wissenschaftler, der später zum Lord High Chancellor von Großbritannien wurde, es als ohne jede Art von Verdienst und als das unmännliche und unfruchtbare Vergnügen einer knabenhaften und lüsternen Fantasie.

Was hat Mr. Young getan, um eine solche Empörung in einem Land hervorzurufen, das für seine Kultur des Understatement bekannt ist? Er zeigte, dass Licht eine duale Teilchen/Wellen-Natur hat. Aber es war nicht die Teilchen-/Wellennatur der klassischen Physik, für die er sie hielt. Es stellte sich heraus, dass es die Wurzel der Quantenmechanik ist. Das Experiment ist heute noch genauso unerklärlich wie damals.

Young zeigte, dass das Licht, wenn es durch zwei Spaltöffnungen läuft, wie das bekannte Wellenmuster aussieht, das entsteht, wenn ein Gegenstand im Wasser spritzt oder in der Luft ein Geräusch macht. Wasser- und Schallwellen sind Ausbreitungswellen von stehenden Wasser- und Luftmolekülen, die Energie übertragen, indem sie aneinanderstoßen. Solche Wellen überlagern einander, wenn sie von zwei Quellen ausgesendet werden. An einigen Stellen kommt es zu einer konstruktiven Interferenz, bei der sich die Wellenberge zu größeren Wellenbergen und die Wellentäler zu tieferen Wellentälern verbinden. An anderen Stellen kommt es zu einer destruktiven Interferenz, bei der sich Wellenberge und -täler aufheben. Geräte zur Lärmunterdrückung senden »Anti-Lärm«-Signale aus, die mit dem Umgebungslärm phasenverschoben sind, sodass die Schallwellen durch destruktive Interferenz aufgehoben werden. Licht erzeugt die gleichen konstruktiven und destruktiven Interferenzmuster, wenn es durch zwei Schlitze läuft, was die Theorie untermauert, dass es sich als Welle fortbewegt.

Dann sperrte Young einen der Schlitze und erwartete, dass sich das Wellenverhalten fortsetzen würde, wie in der Mitte des Bildes zu sehen ist. Das Wellenverhalten verschwand jedoch. Das Licht schoss durch die einzelne Öffnung wie ein Wasserstrahl, der sich durch die Luft bewegt. Licht verhält sich wie eine Welle, wenn es durch zwei Schlitze geht und wie ein Teilchenstrahl, wenn es durch einen geht.

Youngs Idee, dass sich Licht wie eine Welle verhält, wurde als lüstern bezeichnet, weil Isaac Newtons wissenschaftliches Erbe einflussreich war und Newton die Theorie aufgestellt hatte, dass sich Licht als Teilchen fortbewegt. Aber vielleicht hat das Licht eine doppelte Natur. Vielleicht bewegt es sich als Teilchen durch den Raum, die bei ihrer Bewegung elektromagnetische Felder erzeugen. Wenn das Licht durch zwei Spaltöffnungen geht, überlagern sich die elektromagnetischen Felder wie Wasserwellen, aber wenn das Licht nur durch einen Spalt geht, überlagern sich die Felder nicht und die Photonen schießen als Teilchen durch den Raum.

Es wurde schließlich gezeigt, dass sich das Licht auf genau diese Weise durch den Raum bewegt, als Photonen, die bei ihrer Bewegung oszillierende Wellen elektrischer und magnetischer Felder erzeugen. Dadurch verhält sich das Licht wie eine klassische Wasser- oder Schallwelle, die mit sich selbst interferiert, wenn sie durch Schlitze läuft. Diese Art der Interferenz wird als Beugung bezeichnet. Allerdings müssen die Schlitze mikroskopisch klein sein, damit sich die winzigen elektromagnetischen Wellen um Objekte herumbiegen und Beugungsinterferenzen verursachen. Dieser Effekt ist bei großen Gegenständen nicht sichtbar. Wenn du eine physische Barriere zwischen dich und die Sonne stellst, siehst du nicht, wie sich das Licht im Schatten beugt. Das Geräusch eines vorbeifliegenden Vogels, der hinter der Barriere zwitschert, wird jedoch nicht blockiert, weil das Geräusch eine kinetische Welle ist, die sich durch ein Medium aus Luft bewegt und sich um Oberflächen herumbiegt. Die Interferenz des Lichts, die Young durch die Doppelspalte sah, war ein anderes Phänomen. Die Annahme, dass sie durch Wellen verursacht wurde, die sich an den Rändern der Schlitze bogen, wäre genauso falsch wie die Annahme, dass alle Wasserwellen, die durch Wind, Gezeiten und Tsunamis verursacht werden, auf dieselbe Weise entstehen.

Im Jahr 1983 wurde es möglich, Photonen einzeln durch die Schlitze zu schießen. Die einmaligen Photonen erzeugten ebenfalls Interferenzen. Wie kann ein Photon mit sich selbst interferieren? Das könnte nur passieren, wenn sich die Photonen als ausgebreitete Wellen fortbewegen, die viel größer sind als die elektromagnetischen Wellen, die wir bereits kennen. Wenn aber jedes Photon als eine große, sich ausbreitende klassische Welle unterwegs ist, würden wir erwarten, dass der größte Teil des Photons auf die undurchsichtige Barriere um die Schlitze trifft. Gleichzeitig würde ein kleinerer Teil von ihnen den Messschirm passieren und ein Interferenzmuster aus kleinen Teilen jedes Photons erzeugen.

Wenn die Photonen jedoch einzeln durch die Doppelschlitze geschossen werden, ist es ein Alles-oder-Nichts-Ereignis. Photonen werden immer als ganze Einheiten erkannt, die auf einem Punkt landen. Elektronische Geräte und unsere Augen sehen sie auf diese Weise. Entweder kommt das gesamte Photon durch die Schlitze und landet in einem Stück auf der anderen Seite oder es kommt gar nicht an. Die Barriere hält die meisten Photonen auf. Diejenigen, die durch den Spalt kommen, bilden auf dem Messschirm ein Interferenzmuster nach dem anderen, so wie sie es tun, wenn Billionen gleichzeitig in einem Lichtstrahl durch den Spalt gehen.

Ein Photon, das mit sich selbst interferiert, ist daher für die klassische Wellenmechanik unerklärlich. Photonen sind jedoch masselose Teilchen, die sich mit konstanter Lichtgeschwindigkeit fortbewegen, ohne den Lauf der Zeit zu spüren. Vielleicht ist das der Grund, warum ein Photon mit sich selbst interferieren kann. Dann wurde gezeigt, dass das Gleiche mit Elektronen, Atomen und Molekülen, die aus vielen Atomen bestehen, passiert. Das sind Teilchen mit Masse, die sich mit geringerer als der Lichtgeschwindigkeit fortbewegen und daher das Vergehen der Zeit miterleben, sodass es nicht einmal theoretisch möglich ist, dass dasselbe Teilchen seine vergangenen oder zukünftigen Inkarnationen stört. Wie Photonen erzeugen auch diese Masseteilchen Interferenzmuster, wenn sie durch zwei Schlitze gehen, während sie beim Durchgang durch einen Schlitz Teilchenströme erzeugen. Es scheint, dass alle Objekte dies tun, bis zu einer bestimmten, noch zu bestimmenden Größe. Diese mysteriösen Wellen scheinen also auf alles zuzutreffen.

Es muss so sein, dass sich die Teilchen als Wolke über eine große Fläche verteilt durch den Raum bewegen. Wenn eine Teilchenwolke auf eine Schranke mit zwei Schlitzen trifft, materialisiert sie sich entweder als Auftreffpunkt an der Grenze oder sie passiert beide Schlitze als zwei Wolken, die sich über die Grenze hinaus ausbreiten und miteinander interferieren, wodurch der Auftreffpunkt jedes Teilchens in ein

Muster von Interferenzbändern verzerrt wird, das sich erst dann zeigt, wenn viele Teilchen nacheinander durch die Schlitze geschossen werden.

Wenn eine Teilchenwolke auf eine Barriere trifft, bei der nur ein Schlitz offen ist, materialisiert das Teilchen entweder als Auftreffpunkt an der Grenze oder es geht in einer geraden Linie ohne Interferenz durch den Schlitz und materialisiert als Auftreffpunkt auf dem Messschirm. Wenn viele Teilchen nacheinander durch den einzelnen Schlitz geschossen werden, landen sie dicht beieinander und bilden ein »Klumpenmuster«.

Es wird noch verblüffender. Wir müssen nicht einen der Schlitze blockieren, um das Interferenzmuster zu beseitigen und die Teilchen in einem Klumpen landen zu lassen. Wir können beide Schlitze offenlassen und das Interferenzmuster beseitigen, indem wir feststellen, durch welche Schlitze jedes Teilchen geht. Dazu könnten wir einen Detektor an jedem Schlitz anbringen, aber es stellt sich heraus, dass wir nur einen Detektor an einem der Schlitze benötigen.

Wenn der Detektor ausgeschaltet ist, wie in der oberen Hälfte des Bildes unten gezeigt, bilden die Teilchen ein Interferenzmuster. Sobald der Sensor eingeschaltet wird, wie in der unteren Hälfte zu sehen, ändert sich das Interferenzmuster in ein verklumptes Muster.

Nehmen wir an, das Elektron geht durch den Spalt mit dem Detektor. In diesem Fall gibt seine elektrische Ladung Informationen über seinen Standort an den Detektor weiter, die die Position des Elektrons verraten und bewirken, dass es sich in der Realität als geradlinige Teilchenspur materialisiert, die nicht mit sich selbst interferiert. Es kommt zu einer Wechselwirkung, bei der das elektrische Feld des Elektrons die Elektronen des Detektors beeinflusst und ihn dazu veranlasst, ein Signal an ein Speichergerät zu senden, das den Weg des Elektrons aufzeichnet. Wir könnten die Theorie aufstellen, dass der Detektor das Elektron auch auf eine Weise beeinflusst hat, die das Elektron dazu bringt, sich zu materialisieren.

Wenn das Elektron durch den Spalt ohne Detektor geht, findet keine Wechselwirkung statt. Dennoch materialisiert sich das Elektron zu einem Teilchen, das nicht mit sich selbst wechselwirkt. Das liegt daran, dass das Elektron den Spalt ohne den Detektor passieren musste, um zum Messschirm zu gelangen, ohne den Detektor zu aktivieren.

Es scheint sich also nicht um eine Wechselwirkung zu handeln. Vielmehr verwandelt die Information, welchen Weg ein Teilchen durch den Spalt nimmt, es von einer Wolke in ein Teilchen, ohne dass es überhaupt eine Wechselwirkung mit einem Detektor gibt. Sobald es ein Teilchen wird, nimmt es bestimmte Eigenschaften an.

27 Über die Mathematik des Mikrokosmos-Verhaltens

Wie wir bereits wissen, befindet sich das Elektron nach der neuen Wellentheorie in einem Wellenzustand mit unbestimmter Position (zusammen mit allen anderen Eigenschaften des Elektrons) und eine Wellenfunktion beschreibt die Wahrscheinlichkeit jeder möglichen Position. Die Wellenfunktion beschreibt jedoch den Zustand des Elektrons zu einem bestimmten Zeitpunkt und kein Teilchen ist ein statisches Objekt. Seine Form ändert sich ständig, was mathematisch noch schwieriger zu beschreiben ist.

Erwin Schrödinger entwickelte einen Weg, um die Dynamik des Zustands von Teilchen mithilfe von Differentialgleichungen zu beschreiben, ein Konzept, das bereits seit Newton entwickelt wurde. Heisenberg adaptierte die Matrixmathematik für den gleichen Zweck und schuf damit das, was als Matrixmechanik bekannt wurde. Ohne vom Ansatz der Unschärfe-Probabilistik abzuweichen, beschreibt die Matrixmechanik die möglichen Positionen der Elektronen im Atom und die Wahrscheinlichkeit, mit der sie die jeweilige Position einnehmen können. Das Elektron bewegt sich nicht allmählich entlang seiner Bahn oder zwischen den Orbitalschalen; es befindet sich gleichzeitig an vielen Orten, aber nicht in allen Bereichen des Atomvolumens, weil einige Orte verboten sind. Die Heisenberg-Matrix kann man sich wie ein Schachbrett vorstellen, mit dem Atomkern in der Mitte und zahlreichen Zellen um ihn herum. Natürlich sind diese Zellen nicht flach oder liegen alle auf einer Ebene wie auf einem normalen Schachbrett, sondern erstrecken sich im Raum in alle Richtungen um den Kern herum; genauer gesagt hat dieses 3D-Schachbrett räumliche Würfel, die das gesamte 3D-Volumen des Atoms ausfüllen. Einige Würfel sind verboten, was den früheren Vorstellungen von verbotenem Raum zwischen den Umlaufbahnen entspricht und man kann sich vorstellen, dass Elektronen auf knifflige Weise von einem erlaubten Würfel zum anderen springen. Aber in den Worten der neuen Physik ist es nicht das Elektron, das von Würfel zu Würfel springt, sondern seine höchste Wahrscheinlichkeit, in einem bestimmten Würfel gefunden zu werden.

Schrödingers wichtigster Beitrag zur Quantenphysik ist die Entwicklung einer praktischen mathematischen Sprache. Diese Sprache erweckt jedoch den Eindruck, dass die Mikrowirklichkeit der alltäglichen Makrowirklichkeit (der klassischen Newtonschen Physik) ähnlicher ist als in den Gedanken von Bohr und Heisenberg. Schrödingers mathematische Beschreibung des damals entdeckten Wellenzustands von Teilchen mithilfe von Differentialgleichungen entspricht der Beschreibung von Wasser- oder Schallwellen in der klassischen Physik, sodass viele Wissenschaftlerinnen und Wissenschaftler beschlossen, dass sich eher klassische Erklärungen für Quantenphänomene entwickeln müssten. Dieser Trend erwies sich jedoch als Zeit- und Arbeitsverschwendung vieler Gelehrter und führte in eine Sackgasse, während eine exotischere Richtung auch heute noch erfolgreich ist.

Im Laufe der Zeit wurde klar, dass die exakte und bequeme Mathematik von Schrödinger zwar nicht verworfen werden sollte, aber auch nicht als Beweis dafür dienen kann, dass die mikrokosmische Realität unserer Makrowelt ähnlich ist.

Paul Dirac, der vielleicht produktivste Physiker des 20. Jahrhunderts nach Einstein, zeigte, dass das Schrödinger-Modell und die Heisenbergsche Matrixmechanik gleichwertig sind und einfach zwei verschiedene Sprachen sind, die dieselbe Realität genau beschreiben. Dirac erweiterte die Schrödinger-Mathematik, die nun auch zu hohe Elektronengeschwindigkeiten berücksichtigt (Dirac-Gleichung). Dazu musste Einsteins Spezielle Relativitätstheorie eingeführt werden, die sich auf sehr hohe Geschwindigkeiten bis hin zur höchstmöglichen Geschwindigkeit, der Lichtgeschwindigkeit, bezieht.

Diracs Modell belegte auch mathematisch die Existenz des Spins (von Pauli vorhergesagt) und das Phänomen des

Welle-Teilchen-Dualismus. Es führte auch zu mehreren wesentlichen Vorhersagen, die bewiesen wurden, wie das magnetische Moment des Elektrons und die Existenz des Antiteilchens des Elektrons – die Position. Dirac schlug auch vor, dass alle anderen Materieteilchen ebenfalls ein Antidoppel haben sollten und sagte damit die Antimaterie voraus, deren Existenz später bestätigt wurde.

28 Schlussworte

Die mikroskopische Welt hat ihre eigenen Gesetze (ähnlich verhält es sich mit dem Unterschied der Prinzipien zwischen der intrazellulären Realität in den Zellen unseres Körpers und der Realität unseres Geistes), die uns bei ihrer ersten Entdeckung unrealistisch vorkommen. Der Grund dafür ist kein Geheimnis. Das menschliche Gehirn hat sich über Millionen von Jahren entwickelt, um mit der alltäglichen Realität und nur mit der alltäglichen Realität zu arbeiten. Aber das Universum besteht nicht nur aus der alltäglichen Realität. Während sich das menschliche Denken und die Wissenschaft weiterentwickeln, erfahren wir immer mehr über den Rest des Universums. So wie die Tatsache, dass die Erde rund ist, obwohl es unmöglich schien, dass Menschen auf der anderen Seite kopfüber laufen und leben können. Wie Einstein und im Gegensatz zu Heisenberg und Bohr glauben einige, dass es ein vernünftigeres, realistischeres Verständnis der Realität hinter der Quantentheorie geben muss. Aber gibt es nicht noch mehr Gründe, die dafür sprechen, dass die nächste Stufe der Wissenschaftsgeschichte noch mehr Verrücktheiten mit sich bringen wird?

Eine der Entwicklungsperspektiven der Quantenphysik selbst ist die Viele-Welten-Interpretation, nach der sich die Realität ständig nach allen Möglichkeiten (deren Wahrscheinlichkeiten wir in der Quantenphysik berechnen) verzweigt, von denen jede in einem separaten parallelen Realitätszweig realisiert wird. Zum Beispiel geht das Teilchen in einem Realitätszweig durch einen Spalt und im zweiten Zweig durch den zweiten Spalt; für jedes Teilchen bedeutet die Verwischung in die Welle der verschiedenen möglichen Positionen (und alle anderen Eigenschaften), dass jede dieser Positionen in einem separaten parallelen Realitätszweig realisiert wird. Im Moment stehen die meisten Physiker dieser Interpretation skeptisch gegenüber, aber das Argument dagegen besagt nur, dass dies zu viel ist. Die Wahrheit ist, dass man sich nie sicher sein kann, bis die Wissenschaft die jüngste neue Konzeption endlich überzeugend bestätigt oder widerlegt.

Im Allgemeinen ist die Quantenphysik nicht die erste und vielleicht auch nicht die letzte Stufe in der ständigen Entwicklung unseres Wissens über das Universum. Sie ist die derzeit fortschrittlichste Sicht der Menschheit auf die Realität. Dabei geht es nicht nur um die Mikrowelt, sondern auch um unsere alltägliche Realitätsebene, die viel einfacher ist und immer noch recht genau von der Newtonschen Physik beschrieben wird. Die Quantenphysik ist grundlegender als die Newtonsche Physik und die erstere schließt die letztere mit ein, aber die zusätzlichen ungewöhnlichen Phänomene der Quantenwelt werden auf der Makroebene einfach nicht wahrgenommen. Ebendarum ist die Newtonsche Physik für viele praktische Zwecke immer noch ein gutes Instrument. Ähnlich verhält es sich in der praktischen Wissenschaft in Bezug auf die Gravitation. Die Beschreibung der Gravitation durch die allgemeine Relativitätstheorie ist genauer als das Newtonsche Gesetz der universellen Gravitation, aber letzteres wird für die Berechnungen im Raumfahrtprogramm verwendet, weil die zusätzliche Genauigkeit der Relativitätstheorie für diese Aufgabe nicht ausreicht und sich die zusätzlichen komplexen Berechnungen daher nicht lohnen.

Möglicherweise folgt auf die Quantenphysik also eine weitere neue Physik … und dann vielleicht noch eine. Könnte dieser Prozess endlos sein? Wird unser Wissen jemals vollständig sein? Aber das sind Fragen aus einem anderen Bereich, dem Bereich der Wissenschaftstheorie.

29 Glossar

Die Quantenphysik beschreibt Effekte, die keinen Vergleich in unserem Alltag finden. Das seltsam anmutende Verhalten von kleinsten Teilchen in einem Quantensystem kann gezielt in sogenannten Quantentechnologien eingesetzt werden. Im Folgenden werden die wichtigsten Begriffe der Quantenphysik für Anfänger wiederholt.

29.1 Welle-Teilchen-Dualismus

Objekte der Quantenphysik können je nach Frage verschiedene Grundeigenschaften besitzen. So scheint Licht einerseits aus einzelnen Teilchen (Photonen) zu bestehen, deren Energie sich bestimmen lässt. Andererseits, so zeigen etwa Lichtspaltexperimente, können zwei Lichtstrahlen einander verstärken oder auslöschen. Dies ist nur mit dem Wellencharakter des Lichts zu erklären.

29.2 Quant

Die kleinste Einheit, um die sich ein Quantensystem ändern kann. Max Planck und Albert Einstein haben zum Beispiel vorhergesagt, dass Licht nur in Paketen auftritt, sogenannten Photonen.

29.3 Quantensystem

Jedes System, das Quantenverhalten zeigt. Wie sich Quantensysteme und klassische Systeme unterscheiden, wird rege erforscht.

29.4 Kohärenz-Dekohärenz

Quantenzustände oder -systeme sind gegenüber Umwelteinflüssen, etwa einer Messung, extrem anfällig. Kohärenz bedeutet Ungestörtheit. Interaktion mit einer komplexen Umgebung führt zu Dekohärenz. Daher müssen Quantensysteme möglichst hermetisch abgeschirmt sein.

29.5 Überlagerung (Superposition)

Eine mit der Alltagserfahrung nicht nachvollziehbare quantenphysikalische Eigenschaft: Demnach kann ein Teilchen einen Schwebezustand zwischen zwei Möglichkeiten einnehmen, etwa Ein/Aus. Diese Superposition bleibt nur aufrecht, bis jemand (oder etwas) nachsieht; eine Messung beendet die Überlagerung und führt den einen oder anderen Zustand herbei. Das berühmteste Beispiel dafür ist das Gedankenexperiment von »Schrödingers Katze«, die sich in einer speziellen Versuchsanordnung in einem Überlagerungszustand von lebend und tot befindet.

29.6 Verschränkung

Zwei verschränkte Quantensysteme, zum Beispiel zwei Photonen, bleiben über beliebige Distanzen miteinander verbunden. Was immer man mit einem tut, beeinflusst augenblicklich auch den Zustand des anderen. Albert Einstein fand das spukhaft, die Effekte der Verschränkung wurden aber in unzähligen Experimenten nachgewiesen. Hiermit kann allerdings keine Information mit Überlichtgeschwindigkeit übertragen werden.

29.7 Quantenteleportation

Mithilfe der Verschränkung wird der Quantenzustand eines Systems auf ein anderes übertragen, z. B. die Polarisation (Richtung der Lichtschwingung) eines Photons auf ein anderes.

29.8 Qubit

Während die grundlegende Informationseinheit des Computers das Bit ist, das exakt zwei Zustände einnehmen kann (0 oder 1), arbeitet der Quantencomputer mit Qubits. Ein aus einem Quantensystem – etwa einem Atom oder Photon – gebildetes Qubit kann nicht nur 0 und 1, sondern auch beide Zustände gleichzeitig annehmen, also eine Superposition.

29.9 Quantencomputer

Sollen künftig die quantenphysikalischen Phänomene der Superposition und Verschränkung genutzt werden, um schneller als konventionelle Computer zu rechnen? Bei bestimmten mathematischen Aufgaben, etwa bei der Zerlegung von Primzahlen oder bei Suchalgorithmen sind sie herkömmlichen Rechnern weit überlegen. Damit der Quantencomputer in diesen Aufgaben tatsächlich existierende Rechner übertreffen kann, werden sehr viele Qubits miteinander verschränkt werden müssen.

29.10 Quantenkommunikation

Damit wird eine Informationsübertragung bezeichnet, die Phänomene der Quantenphysik wie Superposition oder Verschränkung nutzt.

29.11 Quantensimulator

Mithilfe eines kontrollierbaren Quantensystems lassen sich andere Quantensysteme nachahmen und untersuchen, die man in einem Experiment nicht analysieren kann und die zu komplex sind, um sie mit klassischen Computern zu simulieren. Verwendet werden dafür Quantensysteme, die auch in Quantencomputern zum Einsatz kommen könnten.

29.12 Quantenkryptografie

Damit wird die Verschlüsselung von Daten mittels quantenphysikalischen Phänomenen bezeichnet. So können etwa mit der Quanten-Schlüssel-Verteilung symmetrisch identische zufallsbasierte Schlüssel zwischen zwei Gesprächspartnern erstellt werden. Das bietet erwiesenermaßen potenziell 100-prozentige Abhörsicherheit. Jede Störung verändert nach den Gesetzen der Quantenphysik nachweisbar die Informationsübertragung. So könnten etwa einmal autonome Fahrzeuge oder Stromnetze nicht manipuliert oder fremdgesteuert werden.

29.13 Quanteninternet

benötigt man, um Quanteninformation mittels Licht von einem (Quanten-)Computer zum nächsten übertragen zu können. Weil die Gesetze der Quantenphysik nicht zulassen, Quanteninformation einfach zu kopieren, werden besondere Schnittstellen benötigt. Im Quanteninternet sind die Knoten durch Verschränkung miteinander verbunden.

29.14 Quantensensorik

Die hohe Empfindlichkeit von Quantenzuständen gegenüber Umwelteinflüssen bedeutet gleichzeitig auch eine hohe Messempfindlichkeit.

Mit speziell konstruierten Quantensystemen lassen sich daher physikalische Größen wie Druck, Temperatur, Position, Zeit, Geschwindigkeit, Beschleunigung, elektrische und magnetische Felder oder Gravitation extrem präzise messen.

29.15 Photon

Photonen (γ) sind Elementarteilchen. Sie sind masselos und bewegen sich immer mit Lichtgeschwindigkeit. Nach bisherigem Wissensstand bietet die Quantenmechanik für Photonen das beste Erklärungsmodell. Das ist wahr für alle Elementarteilchen. Daher zeigt sich bei diesen ein Wellen-Teilchen-Dualismus. Das heißt, sie haben Eigenschaften von Wellen und von Teilchen.

29.16 Relativitätstheorie

Die Relativitätstheorie ist eine Theorie der Physik. Sie wurde von Albert Einstein entwickelt und machte ihn als Physiker sehr berühmt. Du musst wissen, dass die Relativitätstheorie aus zwei Teilen besteht: der speziellen und der allgemeinen Relativitätstheorie.

Die **spezielle Relativitätstheorie** befasst sich mit der Veränderung von Längen und der Zeit. Albert Einstein fand heraus, dass Längen nicht immer gleich lang sind. Genauso ist es bei der Zeit: sie vergeht nicht immer gleich schnell. Je schneller sich ihr Betrachter bewegt, desto kürzer ist ein Meter und desto länger ist eine Sekunde.

Die **allgemeine Relativitätstheorie** wurde einige Jahre später entwickelt und knüpft daran an. Sie trifft Aussagen darüber, welche Auswirkungen schwere Objekte wie Sterne auf den Raum und die Zeit haben.

29.17 Schrödingers Katze

Der Physiker Erwin Schrödinger erfand im Jahr 1935 das Gedankenexperiment, welches du bis heute unter dem Namen »Schrödingers Katze« kennst. Es ist ein paradoxes Gedankenexperiment aus der Quantenphysik und soll die Zustände von Atomen veranschaulichen.

In dem Experiment befindet sich eine Katze in einer Kiste. Zusätzlich ist auch eine Vorrichtung mit einem radioaktiven, chemischen Element und einer Giftampulle eingebaut. Sobald das radioaktive Material in dieser Apparatur zerfällt, wird das Gift freigesetzt und die Katze stirbt.

KLEINSTADT FACHBUCH-
& Medienverlag

Kleinstadt Fachbuch- und Medienverlag ©

Markus Winter

Lindenstraße 18

D-96163 Gundelsheim

www.kleinstadt-verlag.de

kontakt@kleinstadt-verlag.de